MW01502621

# Mitología celta y nórdica

 ÚLTIMOS TÍTULOS PUBLICADOS:

# Mitología celta y nórdica

Alessandra Bartolotti

© 2011, Alessandra Bartolotti

© 2011, Ediciones Robinbook, s. l., Barcelona

Diseño de cubierta: Regina Richling
Ilustración de cubierta: iStockphoto
Diseño interior: Lídia Estany para iScriptat

ISBN: 978-84-96746-63-3
Depósito legal: B-32.038-2011

Impreso por Galt Printing

Impreso en Argentina - *Printed in Argentina*

# SUMARIO

# Introducción

Explicar el destino del hombre es sin duda imposible. El destino humano es demasiado corto y demasiado débiles nuestros medios para comprenderlo. Por ello, los hombres se forjaron un destino más grande, más duradero, poniendo en escena un panteón de seres que los sobrepasara. Haciendo esto, se autoimpusieron al mismo tiempo unos deberes hacia estos seres intocables emergidos de su imaginación.

Lo más sorprendente, lo más emotivo en el estudio de los mitos de las distintas civilizaciones, es justamente la similitud existente de esta motivación inicial —que se modificará escasamente en las grandes religiones monoteistas— y la de las respuestas a los interrogantes primordiales aportadas por los mitos, de una civilización a otra, de un extremo del planeta a otro, debido al tránsito migratorio de hombres y leyendas o bien —y esto es lo más emotivo— por puro azar combinado a la condición humana.

Los ritos y los cultos de los pueblos de la Antigüedad nos son más conocidos que su mitología, ya que nos han dejado su rastro en las piedras de los templos, en las estatuas y en los numerosos objetos descubiertos en las tumbas. Pocas civilizaciones han dejado relatos mitológicos completos y coherentes.

De la civilización escandinava, contamos con los Eddas, relatos bastante completos de la creación y del panteón nórdico. Pero estos textos, reescritos entre los siglos XII y XIII, época en la que los pueblos del norte fueron cristianizados después de mucho tiempo, reflejan con suposiciones —más que con una exposición exacta de las antiguas creencias—, el deseo de fijar, según los criterios de la época, los mitos más antiguos antes que sean erradicados por la nueva religión.

La cuestión de las fuentes de la mitología céltica supone un problema desde el principio. El peso de la religión céltica es proporcional a la cantidad de sus fábulas que con el tiempo se integraron a la cultura cristiana, retomada después de la ocupación romana. La leyenda artúrica o incluso la historia de Tristán e Ysolda constituyen dos buenos ejemplos de ese largo paseo donde se mezclan elementos sobrenaturales con los históricos.

## SÍMBOLOS Y MITOS

Imágenes y símbolos de leyendas, mitos, sagas y cuentos —entre otras manifestaciones del folclore con una raíz profunda en la naturaleza humana— constituyen un recurso del hombre para entenderse a sí mismo y al mundo que lo rodea, y —aletargando una parte inferior de conciencia— predisponen al individuo para situarlo en un estado superior de conciencia común a cualquier mitología.

Todas estas narraciones utilizan intensamente el simbolismo, igual que ocurre en los sueños. Los cuentos narrados en la mitología, como en los cuentos de hadas, pretenden despertar algún tipo de sentimiento en el oyente o lector, y la razón no parece ser bienvenida, más que en la moraleja. Al intervenir lo sobrenatural, nos adentramos en el inconsciente —que siempre quiere expresarse y alcanzar la conciencia, superando los impedimentos que esta le interpone— que «disimula» el contenido de los sueños para poder burlar la censura de la conciencia transformándolos en ininteligibles.

Las moralejas que casi siempre plantean los mitos y cuentos de hadas irlandeses nos dicen que, para poder superar las pruebas peligrosas, sigamos ciega y confiadamente nuestras inconscientes fuerzas intuitivas, que creamos en ellas y que las cultivemos sin negarlas con desconfianza y críticas intelectuales —La sabiduría muchas veces demanda sacrificios y obediencia, aunque en algunas excepciones como en el caso del héroe irlandés Finn, precisamente es la desobediencia la que premia—, permitiendo que nos legitimen y nos hagan avanzar. No nos identificamos con el héroe bueno por su bondad sino porque la condición misma de héroe nos atrae profundamente y positivamente. Decidimos a quién queremos parecernos al proyectarnos a nosotros mismos en uno de los protagonistas. Si este personaje fantástico resulta tener cierta actitud, entonces podemos llegar a decidir actuar de forma similar. Algunos de los relatos mitológicos tienen una gran similitud con los cuentos de hadas, y al igual que los cuentos folclóricos que se han alimentado y retroalimentado unos de los otros, también tienen diferencias.

La cruz celta combina una cruz cristiana con un círculo rodeando su intersección. Se remonta a los primeros tiempos del cristianismo en Irlanda.

La diferencia entre cuentos y mitos reside en la cualidad del mensaje que se divulga a través de los distintos relatos. Si los cuentos de hadas siempre cuentan con un final feliz, en pocos se impone la muerte, los conflictos sociales no se resuelven, el mito no solo no evita la tragedia, sino que la promociona para imaginar lo inevitable. Si bien en los relatos mitológicos no hay voluntad de ocultar el carácter ambivalente de los personajes, en los relatos de hadas, en cambio, los personajes son presentados sin dobleces. Unos son todo bondad, otros todo maldad, sin confusiones. El bien y el mal no cohabita en estos cuentos, sus personajes no son ambivalentes, no son buenos y malos al mismo tiempo, como somos todos en la vida real. Si no contemplaramos el residuo ético-moral de comportamiento que albergan los héroes míticos —de dimensiones y naturaleza sobrenaturales— resultaría casi imposible identificarse con ellos, a razón de su lejanía espacio-temporal.

# DIOSES Y MITOS CELTAS

La historia de los pueblos celtas resulta, a primera vista, confusa y complicada. Cuando nos referimos a ellos, abordamos un grupo de tribus y clanes que dominaron la mayor parte del oeste del centro de Europa en el primer milenio a. C. Hablamos pues de unas gentes llegadas del norte, compuestas por una multiculturalidad notable.

Debemos dejar a un lado la mitología fácil y, por supuesto, todo tipo de ilusiones extrañas cuando hablamos de los celtas. Según parece se ha creado un arquetipo, casi cinematográfico, tanto del hombre como de la mujer celta. A ellos podemos verlos corpulentos y sucios, con el pelo revuelto y escupiéndose las manos antes de coger la espada, mientras se nos plantifica una mujer celta con medidas de *top model*, ceñidas túnicas que exageran sus voluptuosas formas y, por supuesto, largos y cuidados cabellos rubios cayendo en bucles hasta la altura de la cintura. Ni ellos eran trogloditas portadores de cachiporras en la mano, ni desde luego ellas eran la chica diez, claro que tampoco debemos creernos ciertas afirmaciones de Estrabón quien dice que una mujer celta enfadada puede partir avellanas con el chasquido de sus dedos.

En general cabe decir que los celtas realmente eran extraordinariamente corpulentos. La mayoria de ellos musculados, aspecto que no debe extrañarnos ya que estamos hablando mayoritariamente no de gente que asisten al relajo de la terma ni a la orgía romana en el diván, sino personas en continua lucha, acostumbrados a vivir al aire libre y con unos quehaceres cotidianos en los que intervenía el esfuerzo físico.

Nos acercaremos al origen y a las leyendas de un pueblo que sin duda es especial, y cuya presencia en Europa está asociada a la edad del hierro, más tardía en el viejo continente que en Oriente. A los primeros asentamientos celtas o de las tribus que dieron origen a los que luego llevarian este nombre. La expansión migratoria de este pueblo en busca de nuevas tierras, pastos y mejores climas, era inevitable. Y finalmente, llegó el declive, el ocaso de la historia de lo celta. Claro que, en este caso, no fue un fin sino un hasta luego, puesto que su influencia pervive aún en nuestros días.

¿Cómo fue aquel mundo ya extinguido? Una sociedad de héroes donde la guerra compartía mesa con el amor y la magia. Un mundo perfectamente clasificado en lo que a estratos sociales se refiere y con leyes tan variopintas como culturas lo formaban. Intentaremos conocer y comprender mucho mejor a los druidas y con ellos todo un sistema político, médico, religioso y mágico que, en definitiva, sirvió para regir la vida de aquellos pueblos.

Al parecer existieron dos culturas migratorias. La primera, era básicamente agrícola, practicaba la ganadería, labraba las tierras y cuidaba de los campos en los que se establecían. Esta primera categoría celta vivía en un entorno familiar y se mezclaba, por lo general de forma pacífica, con los pueblos megalíticos ya existentes en la zona que ocupaban y practicaban un sincretismo tanto religioso como cultural y mágico con los oriundos del lugar. Migraban poco, salvo si el aumento de población o la búsqueda de nuevos pastos y tierras de cultivo así lo exigía.

La otra clase de celtas, seguramente mucho más identificada con el dibujo que nos ofrecen los datos grecorromanos, era de por sí guerrera y sanguinaria. Se estima que pudo aparecer algo después que los celtas agricultores. Procedían generalmente de los Balcanes y los Cárpatos, eran conquistadores y se gobernaban por un estricto sistema de clases sociales. Dominaban a los pueblos y acabaron mezclándose con los celtas del primer grupo. Pese a su tosquedad, las leyes, las leyendas y tradiciones orales nos dicen de ellos que amaban la música, la poesía y la filosofía. A diferencia de los primeros, que elaboraban grandes piras funerarias para realizar la cremación de sus difuntos, este segundo grupo de celtas, además de enterrar a sus muertos, efectuaba ceremonias y rituales religiosos invocando al dios del Sol, a quien llamaban Lug.

Se unieron y mezclaron entre ellos agrupando sus dos naturalezas, la que piensa y la que actúa, para expandirse por encima de las culturas que ya habitaban las que en el futuro serían sus nuevas tierras.

La unión se estaba formando. Siglos después, los celtas invadirían el mundo grecorromano, arrasarían el norte de Italia, saquearían Roma en el año 390, destrozarían Delfos en el 279,

Escultura de piedra
de un héroe celta.

todo ello antes de nuestra era y alcanzarían incluso Turquía. El «imperio celta» se extendería progresivamente de España (Celtíberos) a Asia Menor (Gálatas) pasando por las Galias (transalpina y cisalpina), Alemania, los Balcanes, Bretaña e Irlanda; en torno al s. II a. C. se sitúa el declive-retirada de esta expansión y su reducción progresiva al territorio continental, la Galia, y en los territorios insulares: Armórica, Bretaña, país de Gales, el oeste de Escocia, Irlanda, en suma todo el arco «insular» extremo occidental.

## UN PUEBLO EN MOVIMIENTO

Las migraciones celtas, lentas o más o menos pacíficas, arrancan de Hallstatt, pero se producirá un desplazamiento hacia el oeste que nos conducirá a La Tene —período que abarca desde el 450 hasta el 58 antes de nuestra era, en el que se produce un desarrollo social, cultural y tecnológico— y a lo que actualmente es Francia, y serán estas las zonas geográficas desde las que se realizarán las auténticas expansiones que debemos diferenciar en dos clases. Por una parte irán al sur, llegando a la Península Ibérica, convivirán y lucharán con los pueblos allí asentados y bordeando la costa alcanzarán Galicia y más tarde Portugal. Por otra, penetrarán en el centro de Europa.

Las tribus celtas pueblan toda la zona que posteriormente conoceremos como Galia y también Galia Romana, esta última formada por las provincias de aquitania, Galla y Belga. El nombre de Galia surge de una tribu que se denominará Gala o Galos, formada por varias tribus más pequeñas como los helvéticos, ubicados en la actual Suiza, los sequani y lingones en la zona oeste, así como otros clanes denominados avernos, eduos, bitúrigos, etc. Parte de estas tribus cruzarán el Canal de la Mancha y se establecerán en Irlanda hacia el año 500 a. C.

Desde las primeras expansiones hasta aquellas que finalizarían en Turquía, debemos contemplar una evolución muy profunda en todas y cada una de las tribus. Y, desde luego, será el conocimiento y el desarrollo tecnológico lo que permita el movimiento y la conquista de los celtas.

Si bien es cierto que robaban el ganado de los pueblos que encontraban a su paso, también lograron evolucionar como prósperos ganaderos. Si por una parte adoraban a los dioses moradores de los bosques y las montañas que consideraban sagradas, ofreciéndoles muchas veces sacrificios humanos, por otro lado, aprendían y estudiaban, no sin falta de admiración, aquello que veían en las tribus que sometían.

Los celtas no se encontraban solos en una Europa árida y despoblada. Compartieron tierras con los germanos y con las tribus teutónicas y góticas, además de aquellas asentadas en cada una de las tierras por las que pasaron. Aportaron nuevas técnicas a la agricultura y su conocimiento del hierro permitió introducir arados y guadañas, lo que facilitaba una agricultura intensiva. Su dominio del hierro les condujo hasta la rueda y se deslizaban en carretas de cuatro a dos ruedas que construían sobre la base de madera de una sola pieza y a la que luego aplicaban un aro de hierro. Su necesidad expansiva les llevó al trazado de los primitivos caminos y carreteras europeos.

El acomodo y enriquecimiento de los pueblos celtas llevará a sus clases sociales, artesanos, agricultores y comerciantes a preferir la estabilidad por encima de la lucha, aunque mantengan su carácter feroz y conquistador, hecho que provocará un cambio total de su estilo de vida, un cambio que los arqueólogos han coincidido en denominar La Tene. La evolución no es inmediata y aunque las nuevas tendencias inspiraban a la mayoría de culturas celtas, especialmente a las relacionadas con los centros comerciales del Mediterráneo, siguió habiendo otras tribus en el sur de Francia como en los Balcanes, que pervivieron en la cultura de Hallstatt hasta más allá del año 50 a. C. En esta época, los celtas pasaron por Roma, pactaron con Alejandro Magno y se expandieron hasta la actual Ankara. La mayoría de los celtas preferían el trueque, pero en esta nueva época copiaron de griegos y romanos y de otros pueblos del sur el uso de monedas, sobretodo en sus relaciones comerciales con mercaderes extranjeros.

## La espiritualidad en la tradición celta

La mitología celta se reconoce tanto por el carácter oscuro de su organización religiosa como por la multiplicidad de sus divinidades que componen su panteón. Para el estudio de los mitos, es preferible considerar por separado los celtas continentales, conocidos con el nombre de galos, y los celtas insulares, de los que forman parte los pueblos de Gran Bretaña e Irlanda.

Los celtas forman un mosaico étnico que pertenece a la rama occidental del grupo lingüístico indoeuropeo que apareció en Europa en el segundo milenio antes de nuestra era. Así, para facilitar nuestra orientación histórica y geográfica, podemos dividirlos en dos grandes familias: los celtas continentales y los celtas insulares.

Dentro de la tradición insular es donde encontramos la mayoría de leyendas que tienen por bandera las hazañas de los dioses. De la tradición céltica continental nos ha llegado menos información sobre los relatos mitológicos. En compensación, el

Los druidas eran una clase social elevada en la sociedad celta.

22

testimonio de los romanos ha permitido la reconstrucción de una infinidad de divinidades continentales propias de la cultura céltica tanto como asociadas a las divinidades romanas.

La religión céltica se apoya en gran mesura sobre los druídas, sacerdotes que encarnan el saber absoluto y verdadero, guardianes de la memoria de su pueblo. El papel de los druídas en la transmisión de las creencias célticas es fundamental en cuanto a los principales vectores de una tradición esencialmente oral. Perseguidos por los romanos, los druídas se refugiaron en Irlanda, donde terminarían por desaparecer hacia el siglo VI en favor de los clérigos cristianos.

La religión gálica se aposenta esencialmente sobre una práctica animista, de la que su carácter particular es la multiplicidad de divinidades locales. Esta carencia de dioses «nacionales» se añade a la oralidad de la transmisión de sus creencias religiosas. Por su parte, la tradición céltica insular abunda en leyendas míticas que —aunque en su mayoría se originan en la Edad Media— perpetúan tradiciones mucho más antiguas. Los dos grandes grupos de celtas insulares son los irlandeses o goidels y los britones (antiguos bretones) —término que designa tanto a los habitantes del país de Gales como a los de la Bretaña armoricana (de Aquitania). De cualquier modo, en la mitología céltica se puede constatar el paso de un animismo local de tipo naturalista a la representación atropomórfica de la divinidad, reforzado después por la influencia romana.

## LAS FUENTES

La arqueología es la ciencia encargada de orientarnos sobre el origen de este desarrollo tecnológico que, desde luego, no fue ciencia infusa. El período de Hallstatt significó la existencia de una comunidad de miembros comerciantes y herreros que estuvo relacionada con los escandinavos, etruscos y griegos. Se dice de ellos que montaban a caballo y que poseían guerreros que los acompañaban. Las tumbas halladas en las zonas que

marcan este período nos muestran herrajes profusamente ador-
nados y todo tipo de enterramientos mortuorios donde los caballos cobran gran importancia.

Debemos remontarnos hacia el año 1200 a. C. para encontrar las primeras pruebas y restos arqueológicos que puedan
darnos pistas de los celtas. Estos vestigios aparecen principal-
mente en lo que actualmente es Francia y Alemania. Faltaban
todavía unos setecientos años para que Herodoto denominase
a los «keltoi" como el conjunto de pueblos que hoy conocemos
como celtas.

La arqueología oficial data el asentamiento de los celtas en
la edad de hierro, vinculándolos con la cultura de Hallstatt, entre el siglo VIII y la primera mitad del siglo V a. C. El término
Hallstatt procede de una ciudad austríaca situada en la región
de Salzkammergut, muy conocida por sus famosas minas de sal
prehistórica.

Pasar de la edad de bronce a la del hierro supuso una evolución cuantitativa en la historia de la humanidad, que si bien fue
tardía en Europa, no por ello significó también un desarrollo
tecnológico. El hierro y con el tiempo los maestro herreros, llegarían a ser elementos y personajes de culto. El hierro reempla-
zó las armas y elementos de uso doméstico, permitió nuevos di-
seños y la creación de nuevas formas y útiles.

Se supone que la metalurgia del hierro arranca con los hiti-
tas en la meseta de Anatolia, entre el 1900 y el 1500 a. C. Al
tiempo, en el lejano Oriente, en China, también se trabajaba el
hierro, con la diferencia que allí se llegaron a altas cotas de perfección en su manejo al disponer de hornos de fuelle que, curiosamente, no llegarían a Europa hasta la Edad Media.

Fue Grecia la pionera, allá por el siglo VII, en la producción
tanto de artículos militares como de joyería que se basaban en
el hierro.

A unos doscientos veinticinco kilómetros de Viena, entre
los años 1846 y 1849, se descubrieron los restos de una antigua
comunidad que al parecer vivió en torno a unas minas de sal

que penetraban en la tierra a unos cuatrocientos metros de profundidad. Las excavaciones facilitaron el hallazgo de más de dos mil tumbas en las que el rito funerario se hallaba latente.

La cultura que vivió en Hallstatt dio un gran valor a la vida y a la muerte. La disposición de los cadáveres, los ajuares funerarios, así como la colocación de herrajes, cerámicas y joyas, situadas con orden y de cuidado diseño para decorar las tumbas, demostraba que hubo una cultura «civilizada» más allá del mundo grecorromano allá por el año 700 antes de nuestra era.

Los hallazgos de Hallstatt permitieron descubrir espadas, protectores pectorales, coronas, espadas de hierro en vainas de bronce y oro, vasos de metal batido y hasta guanteletes de bronce. Estos restos, y las posteriores investigaciones, son los responsables de la denominación «cultura de Hallstatt» que se considera llegó a extenderse más allá de Austria alcanzando Suiza, Francia e Inglaterra. Pero la versión no oficial, o en este caso no arqueológica, nos conduce mucho más allá tanto en el espacio como en el tiempo. Tanto es así, que podríamos hablar de la presencia de protoceltas hace 4.000 años, es decir, unos 1.300 antes de Hallstatt.

Los artesanos representan figuras de la naturaleza en escudos, tocados, cascos y carromatos, pasajes de sus leyendas más ancestrales e imágenes humanas sintéticas, formadas por cuadrados, círculos o triángulos, y dibujan especialmente cisnes y otros elementos considerados como sagrados. En muchos de los motivos que adornaban su artesanía aparecen figuras copiadas o inspiradas en los recipientes de la cultura gracorromana —durante esta época los celtas ya mantenían relaciones comerciales con griegos y romanos—, aunque manifiestan un estilo propio en el que la figura geométrica predomina sobre la representativa de lo humano o lo animal.

El dominio del hierro para los de Hallstatt permitió la expansión y una mejor calidad en la lucha. El hierro conducía a la espada y a la rueda, y estas se encaminaban a la invasión y a la batalla. Podemos imaginar feroces escenas protagonizadas por musculados y rubios guerreros celtas, quienes a lomos de sus caballos blandiendo la espada en el aire y apoyados logísticamente por carros, invaden nuevas tierras que desde luego no conocen ni las armas, ni las técnicas de lucha celta.

Salvo en algunos casos aislados, en la ausencia de tradición escrita la historia de los celtas solo podrá elaborarse a partir de fuentes indirectas. Por una parte disponemos de las crónicas de los escritores, críticos y observadores de la época —especialmente romanos— y, por otra parte, documentos vernaculares —mucho más tardíos, relatados en irlandés y galés—.

Los autores romanos que se interesaron por las creencias de los celtas hicieron acopio de sus grandes dotes de inventiva a la hora de describir el panteón celta. Son numerosas las aproximacioines poco profundas y las confusiones sobre la identidad de cada divinidad. A todo ello debe añadírsele la bipartición de la tradición céltica entre continentales e insulares.

De los celtas continentales (esencialmente los galos), no tenemos ningún texto original, sino solamente algunos testimonios romanos (Tito Livio y sobre todo Julio César). Estos textos nos permiten conocer algo de la vida de los galos, pero no aprehender la especificidad de su visión mitológica, pues el autor romano interpreta a los dioses celtas a la luz de su propia mitología y establece equivalencias que reducen la especificidad celta.

En efecto, basándose en atributos funcionales aparentes, es cómodo asimilar, por ejemplo, el dios celta Lug con Mercurio. Pero esta interpretación romana no es necesariamente exacta, debido a la articulación global de cada una de las dos visiones del mundo. Sin entrar en detalles, es cierto que el sistema politeísta romano no concuerda con el sistema «monopoliteísta» abstracto celta.

Un último punto muy significativo: no hay ídolos celtas, representaciones pictóricas de los dioses. En cierto modo los dioses celtas son simbólicos y abstractos, emblemáticos. En este imaginario, sin duda, hay «imagen» y a menudo incluso «maravillosa», pero esta imagen es mental, verbal, de ningún modo estatuida, «fetichizada».

Afortunadamente, la cosecha informativa sobre los celtas insulares es mucho más rica, simplemente porque Irlanda nunca fue romanizada y solo fue cristianizada en el siglo V. Sin embargo, los textos que poseemos, los más antiguos del siglo XII, no son verdaderas narraciones mitológicas paganas conservadas devotamente como tales, sino narraciones «históricas» fundacionales: *El libro de la Ocupación de Irlanda (Lebor Gábala Erenn), La batalla de Mag Tuired (Cath Maighe Tuireadh)* y *El cortejo de Etan*.

Sea cual sea la compatibilidad de estas narraciones con el cristianismo de los monjes (lejanos descendientes de la clase sacerdotal de los druidas y poetas-videntes) que las transcribieron, nos ofrecen la ocasión de tener una imagen relativamente fiel de la mitología y del imaginario celta. Una mitología extremadamente rica que, so pena de falsear su naturaleza altamente simbólica, conviene no reducir a su aspecto meramente maravilloso, por muy desconcertante que sea este.

## JULIO CÉSAR Y EL DECLIVE CELTA

Los celtas tuvieron que abandonar Roma con celeridad y todo, amén de las dolencias, por una falta de previsión. Por una parte eran tan buenos como jinetes que incluso aquellas tribus a las que sometían los contrataban como mercenarios. Guerreros en definitiva que incluso colaboraron con el ejército romano, sus teóricos enemigos. Pero ni las finanzas, ni el orden ni la intendencia eran lo suyo. Esa fue uno de los motivos de su partida de Roma y esa fue también la causa de la pérdida de otros territorios.

Los guerreros de las tribus celtas buscaban ante todo la rapidez y efectividad en sus victorias. Las culturas celtas perseguían hallar nuevos lugares en los que extenderse y perpetuarse. Sin embargo, la desorganización y los muchos frentes a los que debían atender provocó que todo comenzara a fallar. Claro que hubo un segundo aspecto que también fue bastante significativo: la participación religiosa en las actividades de conquista y en la política.

Situándonos en el tiempo podemos decir que el declive celta comenzará aproximadamente en el último cuarto del siglo III. Los celtas, a partir de su incursión en Ankara comenzaron a cambiar como por arte de magia en casi todas las latitudes. Tenían que mantener sus posesiones y el Imperio Romano extendía cada vez con más fuerza sus fronteras. En Italia en el 225 a. C. los celtas son derrotados en la costa de Etruria. A partir de ese momento, una tras otra las tribus celtas serán sometidas a la dominación romana. Los romanos comenzaron a extender sus fronteras en todo el norte de Italia, después, tomaron parte de Francia, y en este momento fue cuando hizo aparición en escena Julio César. Pero alguien se encargó de allanarle el terreno: doscientos cincuenta kilómetros de vía transitable permitieron una intervención rápida en los territorios célticos densamente poblados y situados en el norte de Italia.

A los romanos les importaban muy poco los celtas. Sabian de sus defectos y creaban las necesidades imprescindibles para que aquellos pueblos estuvieran contentos. Podemos decir que la ofensiva era lenta, pero con una trama muy bien urdida. Las tribus celtas estaban peleadas entre ellas, cada una queria ostentar el poder en las diferentes zonas de influencia, y los romanos eran el poder. Claro que ellos no se manifestaban como invasores, lo hacían bajo la figura de aliados. Ofrecían servicios y protección, permitían la libertad de culto y no entraban en luchas, al menos inicialmente, sobre aquello que manifestaban los druidas que eran, en definitiva, los responsables finales de la política celta.

En el año 125 a. C. se crea lo que se llamará la Provincia. Su gobernador será Julio César. Cuando César se instala en la Provincia —que actualmente conocemos como Provenza— recaba información y se da cuenta de que los celtas están desunidos, que todos ellos quieren ser independientes, pero que, en un momento determinado, su sociedad, cada vez más acomodada, prefiere ser celtorromana o galorromana antes que simplemente celta. La Galia de César es un gran país dividido por cientos de tribus. Ninguna de ellas tiene fronteras fijas, lo que crea todavía mayor confusión. La mayoría de las aldeas están superpobladas y las tribus necesitan más espacio. César, se encargará de ir convenciendo a pequeños corpúsculos para que luchen unos contra otros.

El problema celta no fue exclusivamente romano. Por el norte, los pueblos germánicos también presentan batalla. La tribu celta parece aguantar, pero finalmente lo único que harán será posponer el fatal destino que dará como resultado que la expansión de los pueblos germánicos se manifieste en numerosas zonas de la Galia.

Las hostilidades entre galos y romanos se producían a diario en multitud de lugares y las rencillas con los germanos también estaban a la orden del día. Algunas tribus celtas intentaron unirse en la protesta, pero fracasaron frente a otras muchas

Julio César aprovechó la desunión entre las tribus galas para someter toda la Galia al Imperio Romano.

que, temiendo el poder de Roma, se unieron dirigiéndose a César con todo tipo de presentes y señales de amistad. Sin tener que hacer gran cosa, César había comenzado con buen pie. Su expansión ya no tendría límites.

## HÉROES DE CARNE Y HUESOS

En el norte prosiguen las luchas con los germanos, al sur, los celtas pierden y malgastan sus energías con incursiones en tierras cada vez más lejanas y de las que no siempre salen victoriosos. En el centro de su mundo, está César que además tiene establecidas numerosas rutas seguras por el mediterráneo y se dispone a expandirse por toda la Galia con la ayuda de la incompetencia desorganizada para la lucha de los celtas. Todo ello sin olvidar que los romanos siguen presionando a los pueblos de los territorios más cercanos de Italia. Desde luego las cosas no están nada bien para los celtas.

### Dumnórix

Pero la auténtica división fue entre partidarios y detractores de César. César dejaba hacer, no se inmiscuía, al menos directa y abiertamente, en la vida de los celtas, aunque instigaba por uno y otro lado fomentando la división. Por lo que se refiere a los detractores, sólo se tiene constancia de la presencia activa de Dumnórix —un noble de la tribu de los adeui que perseguía unificar a varias tribus para llegar a ser rey—. Su objetivo era ayudar a los helvetii, cosa que hizo con sus ejércitos mientras se produjo la migración, para de esta forma obtener un agradecimiento de las aldeas y erigirse como mandatario. Pero los esfuerzos de este celta para agrupar a otros de su cultura contra César fracasaron.

El vacío de poder y la falta de acuerdos fue uno de los problemas principales para las derrotas celtas. Había demasiados reyes, excesivos jefes de clan. Todos eran celtas sí, existían entre ellos un respeto más o menos asumido, pero  la fanfarronería, la ostentación de poder, el sentimiento de independencia era superior a cualquier tipo de lógica militar.

Las tríbus celtas de Bélgica no fueron capaces de llegar a un acuerdo para establecer una lucha común contra César porque se pasaron el tiempo ordenando sus jerarquías, sus territorios y aldeas y, por supuesto, discutiendo qué pasaría tras la batalla si es que esta llegaba a producirse. En medio de todo ello estaban los druidas que si bien formaban un grupo compacto en cuanto a credo y religión, no dejaban de ser políticos y ello significaba velar por los intereses de su pueblo y por el rey al que aconsejaban manteniendolo así bajo sus influencias.

Según nos cuentan las crónicas, Dumnórix fue elevado al rango de héroe del pueblo celta. Los druidas se encargaron de hacerlo ascender al plano de los dioses y decir de él que había alcanzado la eternidad en el otro lado, el mundo de los difuntos celtas, donde según la creencia, la gran mayoría de hombres y mujeres vivían de una forma muy parecida a la terrena, pero

Dumnórix fue un líder de los heduos durante la guerra de las Galias. Fue uno de los más feroces enemigos de Julio César. (Musée de la civilisation celtique, Bibracte, Francia).

sin limitación humana alguna. ¿Cómo alcanza Dumnórix el grado de héroe del panteón celta? «Soy un hombre libre en un estado libre», esa fue su frase. La gritó en numerosas ocasiones mientras era acuchillado por los soldados romanos.

El celta, sabía que sería humillado. Dumnórix creía que una vez capturado para ser conducido fuera de la Galia, esto es a Roma, posiblemente acabaría como tantos otros exhibido en el coliseum para entretenimiento de tribunos y plebeyos y, finalmente, recibiría la muerte de manos de César dado que se había manifestado como acérrimo enemigo suyo. Para evitar esta situación Dumnórix huye del campamento romano en el que está recluido y se encamina a su patria. César envía una tropa de caballería con una orden muy tácita: «Traedlo o matadlo.» Cuando fue detenido por los romanos se negó a volver y fue, como ya hemos comentado, asesinado mientras pronunciaba su célebre frase.

## La ambivalencia druídica

La muerte de Dumnórix generará una nueva exaltación entre las tribus celtas que ven al fallecido mandatario como un digno ejemplo a seguir para alcanzar la gloria y la libertad. Aparecerán por doquier guerreros dispuestos a conquistar la gloria. Ésta es una época en la que podríamos decir que los druidas no dan abasto. Tienen que controlar las incursiones de los romanos, proteger espiritual y socialmente las aldeas galas y velar por el estado anímico de sus mandatarios. Los druidas no son tontos. Se dan cuenta muy rápidamente que el fin está cercano, pero, en el fondo, si bien están dispuestos a defender los intereses de sus tribus, saben que los romanos no entran en temas religiosos, que son supersticiosos y que, a su manera, respetan y temen la magia. Por lo tanto su perpetuidad está garantizada, al menos en esencia. y la esencia es que los druidas no son solamente hombres de poder mágico, también intervienen en los aspectos políticos, ello les convierte en objetivos a considerar y en según qué casos eliminar.

## Ambiórix

La muerte de Dumnórix envalentonará a la tribu eburona que protagonizará una gran insurrección contra los romanos, ya que atacarán la guarnición local romana y emboscarán y aniquilarán a una extensa columna romana aprovechando su desplazamiento por una estrecha garganta que atraviesa su territorio. El responsable de la coordinación de todas estas acciones bélicas fue Ambiórix, quién además, sintiéndose seguro por los éxitos logrados, preparó nuevas campañas.

En la zona de la actual Bélgica, los romanos habían vivido con cierta tranquilidad. Las guarniciones asentadas en esta tierra disponían de los servicios celtas, abusando muchas veces de ellos. Ambiórix, erigido ya como jefe de los eburones, convenció a la tribu de los nervii y los aduatuci para que siguieran su ejemplo belicoso y atacasen a los romanos.

Así fue como un selecto grupo de guerreros formado por los mejores hombres de las tres tribus, rodeó la guarnición romana próxima a Navaur. Pero éste no sería el clásico ataque desorganizado, en el que los guerreros salen en manada dirigiéndose hacia los romanos cual estampida de búfalos. Se atacará con inteligencia y estrategia. Los celtas construirán torres de escalada, ganchos de aferramiento y todas aquellas armas que pudieron copiar de los romanos. Las crónicas nos indican que, desde las torres de asedio, los celtas lanzaban bolas de arcilla al rojo vivo, flechas incendiarias y aceite hirviendo. El caos en la guarnición romana no se hizo esperar. Pese a todo, los celtas fueron expulsados por un ejército de socorro capitaneado por el mísmísimo César.

Un nuevo mito nacía entre los celtas, quienes siendo tan amantes de lo épico y la heroicidad, determinaron que Ambiórix era el nuevo héroe responsable de destruir, de una vez por todas, el mito de la invencibilidad de los ejércitos romanos. Pese a todo, su nombre no alcanzó una gloria definitiva ya que fue perseguido por un ejército romano creado especialmente para su captura, hecho que jamás se logró. Amhiórix desapareció como por arte de magia y nunca más se oyó hablar de él. Ni los romanos fueron capaces de verificar su captura o muerte, ni los celtas pudieron establecer una referencia para saber donde se encontraba. Una nueva leyenda estaba a punto de forjarse.

Los trovadores celtas, que eran druidas y recibían el nombre de bardos, como cronistas tanto sociales como de las batallas, se encargaron de difundir que Ambiórix era en realidad un poderoso mago, que con la ayuda de las fuerzas druídicas había logrado despistar a los romanos transformándose en un ser invisible, cuyo espíritu poblaba los vientos que aventarían a los hombres que fueran valerosos.

Lo cierto es que, omnipresente en espíritu o no, la gesta de Ambiórix instigó muchísimo más la rebelión de lo que pudo hacerlo la frase o canto a la libertad de Dumnórix. Numerosas tribus celtas, apoyadas por el misticismo de los druidas y la leyenda del poder espiritual, dejaron atrás las antiguas rivalidades y empezaron a trabajar juntas, por fin, para liberarse de los ejércitos romanos. César podía luchar contra la desorganización, la «locura celta» y las rencillas territoriales entre lo que él consideraba sus peones, es decir, los diferentes mandatarios de tribus galas enemistadas durante años, pero lo que no esperaba

Jefe galo Ambiorix, que se enfrentó y aniquiló a una legión romana.

era tener que presentar batalla contra un ejército que cada vez se parecía más al suyo y, encima, estaba apoyado por fuerzas mágicas sobrenaturales.

En el año 53 antes de nuestra era, Julio César tiene que enfrentarse a una sorpresa en Labieno, justamente el lugar donde se encuentra el general favorito de César y sus cuarteles predilectos. Los celtas se han unido y teniendo como cabecilla a Indutiomarus que es el jefe de los treveri, un ejército formado por las tribus de senones, cornutes, nervii, eburones y aduatuci, además de los propios de Indutiomarus, se preparan para el ataque. Los gritos de guerra resuenan en el aire. Por primera vez, seis tribus juntas de guerreros se lanzan contra los cuarteles del general Labieno. Pero el astuto militar, informado del inminente ataque, introdujo de forma secreta en su campamento, a un gran contingente de artilleria.

La lucha comenzó cuando los guerreros de las seis tribus, actuando al unísono, empezaron a rodear la guarnición. Se pasaron todo el día insultando y ofendiendo a los romanos al tiempo que les lanzaban proyectiles contra la muralla de la guarnición. Al no encontrar respuesta se crecieron e intensificaron su ataque. Creyéndose vencedores e interpretando que los romanos estaban acongojados, se permitieron descansar y dormir durante toda la noche, en un alarde del sentido de la superioridad que impregnaba el ambiente celta. Lo malo es que, cuando menos lo esperaban, el general Labieno abrió por sorpresa las puertas del campamento lanzando su caballería contra los celtas insurrectos. Venció y mató al líder de las tribus, esto es, a Indutiomarus. Nuevamente, y pese al tesón y la unificación, los celtas fracasaron.

## Vercingetórix, el adversario del fin
Tras el fracaso contra los cuarteles de Labieno, los celtas habían prendido la mecha para una lucha sin cuartel que cada vez se extendía más por toda la Galia. Uno tras otro los diferentes jefes celtas intentaban realizar acciones similares, pero, curiosa-

mente, César siempre se enteraba de ellas y lograba desbaratarlas. Los príncipales jefes de las tríbus acababan o bien torturados públicamente o bien como prisioneros de guerra que eran finalmente expuestos en los circos romanos.

Lo positivo de los fracasos de guerra, era la creación de· una conciencia generalizada sobre la necesidad de unirse para atacar y destruir a César. Lo negatıvo, además de la desorganización, la fanfarronería y las luchas internas que seguían teniendo entre sí los pueblos celtas era que, por una parte, había numerosos traidores entre sus filas y que, por otro lado, adolecían de un auténtico líder capaz de unificarlos a todos bajo un mismo estandarte. Y hacer todo ello con la prudencia y serenidad necesaria como para no despertar sospechas logrando así tener el ansiado éxito. Este personaje sería Vercingetórix.

Vale la pena profundizar en la historia de este personaje que, como no podía ser de otra manera, está revestida de un importantísimo halo de misterio, magia y leyenda. Se ha dicho de él que fue un druida, que había nacido bajo el augurio de una profecía y que cuando su cuerpo tomó el primer hálito de vida, absorbió la esencia de los espíritus de la guerra. La verdad es que este hombre ción de las órdenes dadas en función de las ambiciones personales y de las relaciones sociales, amistosas o no, que tuviera con las otras tribus teóricamente aliadas.

Vercingetórix, el último caudillo galo, arroja sus armas a los pies de Cesar.

Vercingetórix no lo tenía nada fácil. Si bien parece evidente que este líder había efectuado un profundo estudio y análisis de los sistemas militares y de guerra de los romanos, no acababa de dominar la situación. Trataba a los suyos con severidad, se reunía con sus jefes diariamente para discutir objetivos y lograr que le hicieran caso y, como nos dice César: «A los indecisos los mandaba a casa con las orejas cortadas por no saber entender. Con los ojos arrancados por no saber ver, cuando no con una mano amputada. Consideraba que todo ello era una forma de imponer moral a los demás.» Pero recordemos que éstas son palabras de César, el vencedor final de la Guerra de las Galias.

Las naciones celtas tienen un pasado lleno de héroes. En sí, buena parte de su cultura se cimienta sobre una cosmogonía de dioses poderosos. En general, estas tribus poseían una compleja organización social. En función de la tribu celta en la que nos hallemos, así encontraremos cómo son sus dioses, si bien lo importante es darnos cuenta que realmente son un reflejo de la naturaleza humana que los adora.

Los celtas nacieron como bárbaros hiperbóreos y acabaron siendo los guerreros de la zona celta de las Galias. Durante todo este tiempo siempre fueron vistos como seres toscos, en ocasiones comparados a los gigantes, y la mayor de las veces vinculados con la ignorancia. Sin embargo, todo esto queda lejos de cualquier interpretación que pretenda ser mínimamente rigurosa.

## HIPERBÓREOS: LOS DEL OTRO LADO

Los griegos denominaban a aquellas culturas que vivían al norte de su civilización Bárbaros. La gran mayoría de textos se refieren a estos pueblos como personas de apariencia poco humana, rudas, misteriosas y de costumbres extrañas. De alguna de estas culturas se dice incluso que son amantes de los ríos y los bosques y, por supuesto, que pueblan las tierras oscuras, las ciénagas y aquellos planos donde cualquier hombre civilizado no se atrevería a entrar.

Sin lugar a dudas, la gran mayoría de los textos clásicos griegos exageran, sin embargo, se tiene una cierta constancia de las gentes que están al otro lado de la civilización. Se les ubica en los bosques que se extienden desde la Selva Negra hasta el macizo de Harz. Se dice de ellos que también son aquellos que pueblan numerosas zonas recónditas de los Alpes.

Los relatos recogidos sobre las tribus de los hiperbóreos nos conducen a un mundo muchísimo más fantástico que el celta. Se nos habla de lejanos países donde el clima siempre es soleado. Tanto es así, que se venera al astro rey. Son tierras en las que todo es fértil y provechoso, donde «los árboles acostumbran a alcanzar el cielo ofreciendo dulces frutos. Donde las bestias casi hablan con los hombres».

Para los griegos existía una cierta divergencia a la hora de describir a los hiperbóreos con un cierto acuerdo. Mientras para unos aquel era un mundo de salvajes y bestias, otros se referían a él como el eterno paraíso donde todo era posible. Mientras que unos decían que las gentes que poblaban la hiperbórea eran desalmados gigantes, los otros aseguraban que en realidad se trataban de seres inmortales que habían alcanzado la gracia divina superando la barrera de lo humano y estando dotados, incluso, de maravillosos poderes.

Los menos optimistas decían de los celtas, a los que escasamente conocían por lejanas crónicas de exploradores y algún que otro viajero, que habitaban el país de los muertos, que su mundo era de piedra y que su fuerza descomunal les permitía manejar las rocas como «quien hace oscilar la miel en un cuenco». Debemos saber, que cuando se efectúan menciones como la referida, no necesariamente estamos hablando de los celtas, sino que se está describiendo a un conjunto de pueblos primitivos, que son incluso anteriores a los celtas, y que fueron los primeros habitantes de lo que actualmente es Europa, y que ya la habitaban en el neolítico. Estas tribus deificaban a las piedras, y al parecer poseían una especial sensibilidad para localizar las zonas telúricas en las que se manifestaba la energía. Zonas que, por otra parte, activaban con la ayuda de le erección de menhires y la construcción de agrupaciones megalíticas como los dólmenes o círculos sagrados como el de Stonehenge. Algunos de estos monumentos fue incluso aprovechado por los druidas para sus cultos religiosos y mágicos.

## EL LEGADO DE LOS DRUIDAS

Paralelamente a las migraciones, tenemos pruebas de una imperante religiosidad naciente, en este caso de la mano de los denominados de modo genérico, druidas. Uno de los cuales fue el que legó a las culturas posteriores el mítico caldero de Gundestrúp —supuestamente mágico—, hallado en las cercanías de la ciudad que lleva este nombre en lo que actualmente es Dinamarca.

Los druidas fueron los asesores y responsables finales de la actividad social de las tribus celtas. No se efectuaba una migración sin realizar antes una consulta al oráculo, sin que el druida político asesorase debidamente al jefe de la tribu, y sin realizar las oportunas mediaciones entre cielo y tierra antes de que el asentamiento en los nuevos lares fuese una realidad.

Los maestros druidas eran los señores de la vida y la muerte ya que tenían la virtud de saber cabalgar entre los dos mundos. Según la tradición, el caldero druida, una de las herramientas indispensables de todo mago celta, era uno de los elementos capaz de lograr la resurrección. Aunque sea a costa de quitarle cierta dosis de romanticismo y bastante de misterio, diremos que los druidas lejos de morir, viajar al plano de los difuntos y renacer de nuevo, lo que hacían era acomodarse en ceremonia bajo ciertos árboles que en determinadas condiciones ambientales exudaban sustancias químicas capaces de provocar una catarsis física y un estado alterado de la conciencia. El tejo era uno de estos árboles y el druida obtenía de él las sustancias sagradas psicoactivas que le llevaban a sus otros planos de conciencia. En esos mundos, el mago sometido a un proceso de ensoña-

El druida era responsable de los sacrificios religiosos y se le veía como mediador entre los hombres y los dioses.

ción, podía alcanzar experiencias misticoreligiosas que le servían para hablar con sus arquetipos. Cuando la química dejaba de hacer efecto el supuesto muerto regresaba del otro lado y estaba en condiciones de explicar su experiencia.

Muchas veces estos estados de alteración de la conciencia acaecían a partir de la preparación de elixires y pócimas rituales en los calderos. El de Gundestrup que fue hallado en la península de Jutlandia en Dinamarca, pudo ser uno de ellos.

El caldero marca una tendencia en la época de La Tene. Fue desenterrado en un hallazgo funerario, la duda es saber a quién pertenecía la tumba, si a un mandatario o a un druida. Lo cierto es que las leyendas nos hablan de un caldero especial, aquel en el que los cuerpos heridos de los guerreros se bañan para salir de él fortalecidos e impolutos. Es evidente que el caldero de Gundestrup no es esta mágica tinaja, dado que se trata de un cuenco de setenta centímetros de diámetro por cuarenta de alto. Pese a todo, se ha convertido en referente de los calderos druídicos por la rica simbología que presenta tanto en sus paredes interiores como exteriores.

El hallazgo de Gundestrup es un cuenco que posee un fondo cóncavo. Alrededor de él encontramos soldadas doce placas de plata que fueron labradas en relieve siguiendo la técnica del martillado en frío. El martillado caliente permite dar formas y crear elementos decorativos generalmente toscos, ya que lo que persigue es moldear el metal todavía candente, metal que curiosamente, solamente el maestro herrero sabrá como debe enfriar para darle la consistencia adecuada y que, desde luego, no será enfriado exclusivamente con agua. La técnica del martillado en frío suele efectuarse, como su propio nombre indica, sobre placas de metal que ya han sido enfriadas. Para lograr los efectos decorativos se recurre a uno o varios martillos y a la ayuda de diferentes punzones y palancas de presión.

En el supuesto caldero druídico las doce placas presentan una rica simbología. En seis de ellas podemos observar a diferentes personajes de la mitología celta. Desconocemos si se trata de mandatarios, reyes, guerreros, imágenes arquetípicas representadas bajo forma humana de los dioses y mitos celtas, o bien los rostros corresponden a seis druidas.

Las otras seis caras nos enseñan diferentes escenas de carácter cotidiano. Algunas son bélicas mostrando imágenes de lucha y batalla, pero otras son de caza. Curiosamente, en una de las escenas que podríamos denominar de caza, es fácil observar a un hombre que está sentado en un supuesto bosque y cuya postura de las piernas nos recuerda muchísimo a una posición de yoga cuando no meditativa. Junto a este hombre aparecen una serie de animales que en ningún momento parecen estar siendo cazados ni percibir animosidad del humano.

Numerosos investigadores han querido ver en esta imagen una representación del dios Tutatis, sin embargo, esta imagen no presenta barba y otro de los rostros del caldero, también vinculado con este dios, sí luce un espeso vello en la cara. Cabe destacar también dos aspectos en los rostros y figuras humanoides del caldero, y es que un gran número de ellas, presentan los brazos en alto a la altura de la cabeza, con el puño cerrado, no teniendo entre sus manos arma alguna. Otro aspecto a resaltar es la barba en la cara de varios rostros, y merece ser resaltado dado que los cánones de belleza celtas marcaban un rostro limpio y afeitado o bien con un ligero bigote. En cuanto al cabello, las figuras presentan tocado o casco, aunque también podría interpretarse que se adornan con trenzas en la frente, algo que choca de nuevo con la moda celta ya que la costumbre era ir peinados con el pelo hacia atrás, la frente despejada y cayendo el cabello sobre la espalda.

El caldero de Gundestrup se encontró, como ya hemos dicho, en un enterramiento funerario. La duda es si se corresponde con un enterramiento mágico de sacrificio humano o a un acto en honor de alguien singular.

Los druidas participaron en numerosos sacrificios, cada uno de ellos en honor de un elemento. Para rendir tributo al aire se recurría al ahorcamiento, para el agua era menester ahogar a la víctima. La muerte por el fuego, como no podía ser de otra manera, se realizaba en piras funerarias mediante la cremación y finalmente, cuando a través del sacrificio se rendía tributo a la diosa tierra, la víctima que acostumbraba a ser prisionero de guerra, forajido o criminal, era enterrada viva. Julio César habla incluso de una tortura por muerte ritual, aunque en este caso sea colectiva. El romano describe una jaula de mimbre de notables dimensiones, con forma de gigante humano, en la que se introducían a las futuras víctimas que luego eran calcinadas mediante una hoguera purificadora.

Sea cual fuere el método de la muerte, en muchas ocasiones, aunque seguramente ello servía de poco, se recurría a los calderos para depositar en ellos restos de los difuntos o sacrificados, con la esperanza de que tuvieran una mejor vida en el otro lado. El tema de la muerte está intrínsecamente ligado al pueblo celta. Las guerras, conquistas y la aplicación de una justicia férrea provocará que el aliento de la parca pase por los castros y aldeas de forma permanente. La muerte como tal era valorada, admirada y, por supuesto, temida, y los calderos, cuando eran druídicos, podían servir como recipientes en los que bebiesen los espíritus, los dioses, gigantes y hasta la misma muerte.

Pese a toda la modernidad que hemos comentado, pese a esa gran creatividad en las formas culturales y en las filigranas ornamentales, estamos hablando de una serie de tribus que aman la poesía casi con la misma pasión que la guerra. Son hombres y mujeres a los que puede gustarles tanto la música del filo de las espadas chocando entre sí como los sones de liras o tambores. En definitiva, no podemos hablar de culturas pendencieras, pero sí mercenarias, cuyo orgullo es la tenencia de trofeos, esclavos y posesiones; y claro, para todo ello el pastoreo no siempre será suficiente.

## La religión druídica

En muchos cultos religiosos los dioses en lugar de estar por encima del bien y del mal son una manifestación arquetípica de la naturaleza humana. Cuando es así, sus representantes en la tierra, los sacerdotes, disponen de la libertad de ser y comportarse como cualquier ser humano, con sus virtudes y sus defectos. Otros cultos nos venden la imagen de pureza mística, donde todo es perfecto y los dioses, inmaculados, jamás se ponen a la altura de los humanos.

En la religión druídica, si es que realmente podemos hablar de la existencia de la misma, se contempla la posibilidad de que cualquier persona pueda odiar, mentir, robar y, por el contrario, ayudar, ser solidario y cuidar a los demás. Simplemente porque todas ellas son actividades humanas normales, porque los dioses celtas, no son el paradigma de la perfección.

Todos en nuestro interior, como afirmó Jung, tenemos una parte oscura. Es aquella naturaleza que va con nosotros, que no siempre somos capaces de reconocer, pero que existe. Es cuanto reprimimos, callamos u ocultamos para poder vivir —en teoría— sin problemas y sin destacar demasiado del resto en la sociedad. Los druidas sabían de la existencia de las emociones en los humanos y a su manera comprendían el paradigma de la sombra.

Los druidas entendían que no todo el mundo era igual y que cada uno se manifestaba ante los demás como era. Los celtas defendían la libertad, siempre amparada dentro de la ley, su ley —la capacidad de ser natural, de ser uno mismo, íntegro y consecuente—.

Teniendo en cuenta que todo aquello que sabemos hoy nos viene o por tradición oral, o a través de leyendas o mediante las crónicas escritas que dejaron bravos guerreros romanos, escandalizados filósofos e historiadores griegos y en definitiva personas que se encargaron de crear un decorado después de una batalla ganada, un sistema de vida erradicado y una filosofía extinguida muchas veces con la sangre.

Nadie puede asegurar que los druidas se llamasen a sí mismos con ese nombre. Es de suponer que entre las diferentes tribus debió existir algún tipo de término globalizador para identificar a dichas personas. Etimológicamente hablando el nombre «druida» podría tener .relación con la raíz aria *vil* que en latín sería *videre,* que nos indicaría el concepto sabiduría o visión. Este concepto unido al *dru* formaría la palabra *dru-vids,* de donde tendríamos las interpretaciones de «sabio que ve», «sabio que entiende». El término *druida* también podría significar «loco de los árboles», «persona alegre», «el sapientísimo», «el hechicero», «el señor de los bosques» o «el que camina por los mundos invisibles».

Para Julio César, las palabras que él escuchaba en alusión a los druidas, eran el término galo *daur-vid,* que querría decir «encina y sabiduría», y que en lengua latina podría traducirse como «el sabio de los bosques de las encinas». Esta interpretación es del emperador romano, quién afirma que: «Se les llama así, pues viven en los claros de esos bosques y es allí donde imparten sus enseñanzas y ejercen sus funciones judiciales y la medicina.» No está nada claro que los druidas vivieran permanentemente exiliados del resto de la aldea en el interior de un claro del bosque, si bien es cierto que recurrían a estos parajes para la realización de su liturgia.

Representación de un druida en un grabado del siglo XIX.

Por lo que se refiere a las mujeres que nosotros denominamos druidesas, se debían llamar *ban-drui*, aunque también recibían los nombres de *ban-file*, «dríada», etc. Esta variedad onomástica la encontramos precisamente por las diferentes clases de druidas que existían. Aunque todos eran genéricamente druidas, los *darvin-din* que pertenecían a la jerarquía mayor eran los «maduros y sabios», es decir sacerdotes, jueces, médicos y administradores. Después encontramos el término «bardo» equiparable al de trovador, si bien como veremos oportunamente el bardo no era un mero contador de cuentos sino que cumplía las funciones de filósofo y augur o adivino, aunque los de *darvin-din* también podian adivinar como también lo hacían los «vates» *ofilidh*, encargados de difundir las tradiciones, conservar los mitos, transmitir los relatos de hazañas de guerra, entre otras cosas. Dentro de estos grupos encontraríamos también a los *amdaurs* que podriamos traducir como los «hijos del roble», es decir aspirantes.

Para los conquistadores, los griegos, los romanos y también para los etruscos, todo este corpúsculo de personas extrañas eran prácticamente lo mismo y los definían con una sola nomenclatura: Druidas, aunque a veces también empleaban el término de bardos. Todos los cronistas de la época han contribuido a forjar las dos imágenes del druidismo: la salvaje y la espiritual. Así mientras Tácito los describe clamando a gritos mientras elevan sus brazos al cielo, Diodoro los menciona como filósofos y teólogos. En el siglo II a. C. los griegos de Alejandría consideraban a los druidas filósofos de elevada moral dado que sabían que creían en la inmortalidad del alma. También los comparaban con la deidad Brama y con Magi, es decir, personas contemplativas relacionadas íntimamente con las divinidades.

Para Julio César los druidas son una casta aparte dentro de la sociedad celta. Él nos asegura que son hombres reverenciados a quienes el pueblo llano consulta con cierta asiduidad. César es desde luego quien más información nos ha dejado sobre los druidas y sus ocupaciones. Por él sabemos, por ejemplo, que los druidas mantenían una estricta tradición oral: «Aprenden de memoría un gran número de versos. Su religión prohibe confiar en la escritura. Sus enseñanzas son por la voz, pero las demás cosas, como las cuentas públicas, las realizan con el alfabeto griego. Me parece que han establecido este uso por dos razones: Porque no quieren difundir su doctrina entre el pueblo, ni hacer de modo que los que aprenden, al fiarse de la escrítura descuiden su memoria».

Al respecto de la perpetuidad del lenguaje y las leyendas cantadas, Diodoro nos cuenta que los druidas tienen gran afición por la poesía y la lírica. Nos indica que entre estos hombres hay unos que reciben el nombre de bardos: «Son poetas que acompañan sus cantos, sean himnos o sátiras, con instrumentos parecidos a liras». Es evidente que los druidas, como hombres sabios, estaban obligados a mantener una vida con un cierto orden, al menos dentro de la legalidad que sus costumbres les exigían. Pero no debemos pasar por alto otro apartado quizá más etéreo y espiritual: su vida iniciática. No bastaba con pretenderse druida. No bastaba con pasar largas temporadas aprendiendo de memoria versos, leyes y canciones. No era suficiente dedicar doce, quince o veinte años según las fuentes, a estudiar en la escuela druídica. El druida debía practicar y ejercer la magia, la medicina, la adivinación y para todo ello recurría a un gran número de elementos naturales con los que hablaba y mantenía una estrecha relación ¿cómo lo hacían? Es en este punto cuando la filosofia da una giro hacia lo místico.

Los druidas tenían como referencia el mundo en el que vivían, pero no aquel que podían construir tras un nuevo asentamiento o una campaña de lucha, sino el mundo que les rodeaba y en el que estaban inmersos. El suyo era un paraje que estaba influenciado por los antepasados, los héroes los dioses y las energías invisibles no solo de los elementos, sino también de determinados animales, minerales y vegetales.

Al igual que los chamanes consideran normal hablar con los espíritus de los animales y que algunos les pueden ser de gran ayuda, los druidas pensaban también que determinados animales debían ser escuchados o considerados antes de tomar una decisión. Esto mismo sucedía con los árboles a los que trataban con auténtica veneración y con las piedras que empleaban para captar sensaciones o respuestas a sus dudas.

Ahora bien para que todos estos conceptos puedan funcionar es preciso una disposición mental y psíquica y, desde luego, el dogma no es suficiente. En definitiva es precisa la manifestación de una condición espiritual. Esta concepción es quizá la auténtica fuerza del druidismo, ya que estamos hablando de algo que exige el esfuerzo continuo, la observación y el aprendizaje de uno mismo, de sus emociones, de sus ángeles y demonios interiores. Esta es una vía iniciática que, como todas, debe tener una meta, un fin comprensible por el alumno o el místico. En el caso del druida, su meta bien pudo ser no solo el conocimiento sino la evolución, la mejor integración con ese todo en el que habitaba.

## La influencia de una vida eterna

Si entendemos que los druidas, al margen de realizar una actividad en el seno de la tribu, eran buscadores de su realidad y evolución, entonces podremos verlos como auténticos sacerdotes, como seguidores de un culto y no como simples magos. Pero hay otro punto que no debe escaparse: la creencia, tanto mitológica como filosófica.

Algo común en todas las tribus de los celtas era su visión de la muerte. Ya hemos visto que los guerreros celtas no tenían ningún problema frente a una posible derrota y posterior muerte. Lo que dolía de verdad no era perder una batalla sino no morir en ella y terminar tullido o incluso convertido en esclavo. Esta creencia sobre la muerte es la que infunde respeto no solo en la sociedad civil sino también en la religiosa.

Son muchos los investigadores del druidismo que han llegado a una misma conclusión, el presente continuo, lo que para otros es el «aquí y ahora» era el verdadero anclaje místico del druida y por extensión del celta. Los druidas creían en una vida más allá, en una existencia en otro plano al que se accedía tras la muerte de lo físico, pero más valía pasar al «otro lado» con un cierto grado de preparación. Sabían que más tarde o temprano morirían y que indefectiblemente tendrían otra vida, por tanto, no les preocupaba el futuro, quizá lo único que les daba un cierto dolor de cabeza era el tiempo que disponían para poder aprender y evolucionar antes de dar el «gran paso».

Partiendo pues de que la vida era eterna, más le valía a un druida no equivocarse en sus litigios y condenas, a veces a muerte, de sus congéneres, dado que sabía que si erraba, en su otra vida se encontraría de nuevo con aquella persona, quien desde un punto de vista espiritual podría retraerle perpetuamente su error. Los druidas pagaban caros sus errores y faltas. Podían ser ejecutados, no sin falta de honores. La pregunta lógica es, si los celtas no le temían a la muerte ¿tenía algo que temer un druida al morir? La respuesta es muy sencilla: tenía todo en su contra.

El mundo espiritual que fue difundido por los druidas contemplaba una existencia libre y sin problemas más allá de lo terrenal, pero eso sí, una existencia donde todos los habitantes tenían muchos poderes, más que los terrenales. Lo que en vida era un privilegio exclusivo de los druidas, en el otro lado era algo normal para todos sus habitantes. Por tanto, un druida que hubiera fallecido antes de su hora, en el otro lado no sería nadie, es más, podría incluso no llegar al otro lado y quedarse vagando, como hacían las almas de quienes no habían sido puros, por los vientos gélidos y las nubes de tormenta.

Cuando un celta moría con todos los honores —no porque un castigo había determinado su muerte—, era recibido en el lugar donde reposaban los antepasados quienes le colmaban de todo tipo de suerte y fortuna. El difunto disfrutaba allí de su misma naturaleza terrestre, pero aumentada.

Al acontecer la muerte, el druida era el encargado de lograr que el alma del difunto no se perdiese. Para ello estaban los «rituales de conducción» mediante los cuales el druida dirigía el alma del fallecido, primero hacia esponjosas y cálidas nubes y finalmente, cuando en el otro lado ya todo estaba dispuesto para un buen recibimiento, encaminaba la esencia del finado ante la presencia de los héroes y antepasados. En cambio si el fallecido moría en desgracia o por pena de muerte, el druida no podía hacer nada por él. Encaminaría su alma mediante un ritual, pero no hacia los cálidos lugares de reposo, sino hacia zonas lúgubres y oscuras, donde la esencia caía en desgracia. El ritual druida de acompañamiento en este caso era tan sólo un mero trámite para que el alma del muerto abandonase definitivamente el cuerpo, pero nada más. Al contrario, podía incluso dar más trabajo ya que muchas veces el druida sacrificador tenía que encargarse también de comunicar a los antepasados del difunto que ya no podrían verlo nunca más puesto que se hallaba vagando en las zonas oscuras e imperfectas.

Pero volvamos a la filosofia del druidismo. El mundo del otro lado era un buen referente para que el druida desease, por encima de todo, obtener el máximo de aprendizaje durante la vida. De esta forma si durante su existencia había evolucionado lo suficiente, al morir, en el «otro lado», podría alcanzar a ser uno más entre el panteón de las divinidades, por encima incluso de los antepasados. Es este tipo de creencia la que verdaderamente da fuerza al druida y el vigor para profundizar en las leyendas y la cultura, lo que le infunde aliento para evolucionar y conocerse mucho mejor a sí mismo.

## LOS DIOSES QUE TODO LO VEN

Si bien las entidades mágicas y a reverenciar en el druidismo son además de los antepasados y los dioses los árboles y los elementos, debemos considerar que en la sociedad celta, aunque existe un respeto impuesto sobre todas las entidades, son los dioses y su naturaleza la que predomina como punto de referencia. Los celtas en su concepción sobre la muerte y en otro lado u otro mundo, eran complejos y poéticos a la vez lo que da como resultado que sea prácticamente imposible discernir muchas veces lo que es historia, lo que es leyenda y lo que es un mero recurso literario que pueda reforzar aquello que se narra. Todos los héroes y dioses además de los fallecidos con honor, vivían en este otro mundo en el que continuaban su existencia de una forma cómoda. Muchas veces los grandes héroes seguían enzarzados en épicas batallas y ocasionalmente regresaban al mundo de los vivos para pedir ayuda.

Héroes vivos como Cû Chulainn, supuestamente hijo del dios Lug entidad solar, es uno de los que recibe a los espíritus y les acompaña al otro mundo, sin por ello perder su vida, para ayudar en la batalla. Con la debida protección de los druidas consigue regresar sin mayor problema de entre los muertos. Como vemos, el vínculo entre vivos y difuntos, dioses y humanos es confuso al tiempo que cotidiano.

Si bien las creencias celtas no tenían un sistema religioso estructurado, las druídicas acostumbraban a ser bastante más complejas. Así mientras que un guerrero cenaba en agradable banquete con uno de los héroes del más allá, para el druida este

Cû Chulainn es conocido como «el Aquiles irlandés» porque le profetizaron ser el protagonista de grandes hazañas que le harían famoso, pero que moriría joven. Es el héroe mitológico irlandés más famoso de Irlanda del Norte, así como dentro del folclore de Escocia y de la Isla de Man.

hecho precisaba del ritual y no siempre era tenido como cierto. De esta forma debemos diferenciar entre la presencia de espectros y la de dioses; lo que para el guerrero celta podía ser un dios o héroe manifestado para el sacerdote generalmente se trataba de un espectro. Cuando el fantasma se aparecía en zonas oscuras, pantanosas y nebulosas era un espíritu impuro. Por el contrario cuando la entidad espiritual se aparecía en lugares cálidos, soleados y bien iluminados se entendía que era un espíritu evolucionado.

Aunque entre la sociedad celta hay numerosas entidades supremas, la creencia general es universalista por tanto hay un solo dios absoluto que se manifiesta de muchísimas formas diferentes, es decir a través de dioses menores. Por tanto cuando en las Galias se rendía culto al dios Vosgos se estaba tributando culto a las entidades de la montaña. En Irlanda por su parte la diosa Tara también era un gran túmulo o montaña.

Dado que los dioses pueden adoptar cualquier forma y que por tanto para ellos la gran entidad, que es Dios, está en todas partes, todo es Dios. Esta concepción fue muy importante para que el druidismo fuera absorbido por el cristianismo dado que en definitiva las dos religiones se parecían muchísimo y a los druidas no les costaba demasiado entender y aceptar que el hijo de Dios que era Jesús se manifestara clavado en un tronco que era la cruz, porque al fin y al cabo para los druidas el tronco del roble representaba también al hijo favorito de Dios.

Hay notables diferencias de interpretación entre druidismo y cristianismo. La entidad principal, que está en todas partes, para ambas religiones es Dios. Mientras para unos tiene sexo y es Dios Padre, es decir se manifiesta bajo el arquetipo de lo masculino, para los otros puede ser Dios madre y padre a la vez, o solo madre según el caso. Mientras que para los cristianos puesto que Dios está en todas partes puede encontrarse y manifestarse en un árbol, un animal o el fuego, ya que todos son criaturas de Dios. Para los celtas es Dios mismo quien se convierte en hoguera, en este caso representando al dios Lug que es el fuego, y es Dios en esencia el que habla a través de las hojas de un roble o avellano.

## Dioses sin estatua

A druidas y celtas les ocurre como a los primitivos cristianos: se niegan a representar de forma concreta el rostro de Dios y, al tiempo, dado que Dios está en todas partes se niegan también a encerrarlo dentro de un templo. La representación de Dios se traducirá en figuras geométricas, en espirales que representan lo infinito y, puntualmente, en diferentes rostros humanoides y cabezas talladas en piedra. Pero la representación material de Dios a través de una estatua será una ofensa y objeto de burla. Por esto, cuando el celta Breno llega a Delfos y ve allí una estatua de Apolo primero rie, después orina y finalmente destroza la imagen dado que considera una ofensa intentar encerrar bajo un solo aspecto a un dios que además se está manifestando como un simple hombre. Cuando las cabezas representan a los dioses no son a imagen y semejanza de Dios, sino diferentes manifestaciones de él ya que, como hemos comentado, la abstracción era la mejor forma de dibujar al Dios supremo. El trískel bien puede ser una manifestación o representación de este Dios supremo dado que es una figura geométrica y no humana.

## Cosmogonía

Comprender la concepción divina céltica no es fácil, menos aún cuando Dios tiene dos bandos: el de los dioses oscuros que son los señores de la noche y la muerte, que viven en el mundo subterráneo y encarnan el principio negativo, y los dioses del cielo, la luz y la vida que encarnan el principio positivo. Pero todos ellos son la manifestación de un mismo Dios que, como los humanos, tiene un aspecto positivo y otro negativo. Cosmogónicamente hablando los celtas creían que dado que la noche es lo que precede al día, en un principio, antes de la creación, hubo oscuridad y Dios vivía en ella manifestándose a través de los dioses oscuros, que eran los originarios de la muerte. Pero un día se hizo la luz y Dios se manifestó a través de los dioses lumínicos haciendo con ello nacer la vida y el bien. Dado que los celtas no establecían diferenciaciones existenciales en cuanto a la vida y la muerte, es tanto como decir que la existencia era perpetua y que en su cosmogonía, la vida era oscura y nocturna y posteriormente fue clara y diurna coexistiendo las dos a la vez.

Como no podía ser de otra manera, esta gestación de los mundos divinos se producirá entre guerras y banquetes. Los dioses de la oscuridad lucharán contra los de la luz. Los primeros estarán manifestados por el dios de tres cabezas o tres nombres, dios supremo y primigenio de la muerte llamado Bress-Tethra-Balar, quien fue vencido por Lug, dios de la luz.

Para los celtas Irlandeses los dioses oscuros reciben el nombre de Fomoré, mientras que los dioses luminicos se llaman Tuatha Dé Danan, es decir, hijos de Dana que era la diosa Tierra que a su vez recibía el nombre de Brigit hija de Dagda, dios supremo de los dioses de la luz, siendo también esposa del jefe de los Fomoré. Según la leyenda, de la unión entre Dana y Bress, quien recordemos tiene tres nombres y tres cabezas, pero es una sola entidad, nacen tres hijos: Brian, luchar y Uar. Estos tres hijos son en realidad uno solo que tiene dos desdoblamientos.

Para simplificar las cosas, debemos quedarnos con ese concepto tan occidental como el bien y el mal, la luz y la oscuridad, o lo que es lo mismo, con los Fomoré y los Tuatha, dos entidades que pertenecen a una sola naturaleza que es el Dios total. La tríada céltica es continua ya que es la única forma que tienen los celtas de manifestar los tres estadios de la existencia. Recordemos por un momento las tres vueltas de Vercingetórix alrededor de César, las tres esferas del trískel y los tres conceptos de cuerpo, mente y espíritu. Consideraciones que serán de suma importancia para que el cristianismo erradique al druidismo, instaurando su trinidad de Padre, Hijo y Espíritu Santo manifestado en sagrada paloma blanca. Este arquetipo era perfectamente comprendido y asimilado por los celtas, dado que sus dioses de la vida eran aves de hermoso plumaje y los de la muerte podían manifestarse como cuervos o cornejas. Una paloma blanca como símbolo del Espíritu Santo era pues un espíritu de la positividad.

Continuemos con las tres manifestaciones de una misma cosa. En la Galia, la triple deidad está manifestada en Teutates, Esus y Taranis. Teutates es el padre de todos los dioses, de los hombres y también de la muerte que recordemos acontece antes de la luz que será la vida. Por lo que se refiere a los otros dos nombres, en realidad son desdoblamientos del mismo Teutates. Vemos que este padre de todos los otros dioses que vendrán después, conserva el vínculo con las tres esferas sagradas del trískel, elemento que manifestaba y representaba la divinidad.

## El círculo divino

El trískel manifiesta el principio y el fin, la eterna evolución y el perpetuo aprendizaje. Dado que representa a las tres espirales en movimiento que no son sino las tres manifestaciones de Dios, ser portador del trískel es tanto como ser un conductor de Dios. Los druidas, que eran los únicos que podían ostentar el sagrado símbolo de la divinidad, eran pues pequeños dioses andantes, templos vivientes en definitiva que albergaban y portaban sobre su pecho las tres esencias de la divinidad. Pero el triskel no era solamente una forma de llamar al orden o de ostentar el poder. Era una herramienta mágica, religiosa y conductista hacia los mundos ancestrales.

Desde el punto de vista mágico el trískel es un talismán y según las leyendas puede obrar la curación, quitar la fiebre, aliviar heridas y, como no, ser de gran ayuda para conducir a las almas de los difuntos ante la presencia de sus antepasados. El trískel servía para dar paz de espíritu y estado de ánimo a aquellos que lo tocaban al tiempo que invocaban a sus dioses. El druida ha esperado durante mucho tiempo para tener sobre su pecho este elemento de culto y sabe que junto con la hoz, la vara, la virita, el caldero y el muérdago forman su equipo de trabajo.

Según la cultura celta, el trísquel representa la evolución y el crecimiento. Representa el equilibrio entre cuerpo, mente y espíritu. Manifiesta el principio y el fin, la eterna evolución y el aprendizaje perpetuo.

Desde una perspectiva adivinatoria y trascendental el trískel será la puerta que se abre para entrar en el plano energético de los dioses. Los druidas meditaban mirando al trískel, lo reproducían en sus claros de bosque y lo grababan en las piedras y en las cortezas de los árboles. El trískel les permitía entrar en estados alterados de conciencia. El giro de los brazos rematados con esferas era el detonante capaz de lograr el desapego de lo material alcanzando así la trascendencia.

## EL PODER DE LOS ÁRBOLES

Para los sacerdotes celtas el árbol representa la perfecta evolución y sintonía con los cuatro elementos. El árbol se asienta en las entrañas de la tierra en la que crece, estando así en perpetuo contacto con la realidad de lo tangible. Mecido por el elemento aire que es el viento, calentado por el fuego del sol y debidamente regado por la fuerza de las lluvias contenedora del elemento agua, el árbol crece, su tronco asciende a los cielos y cuando alcanza el tiempo adecuado sus ramas, que para los druidas son los brazos, se expanden hacia el plano de lo espiritual, hacia el cielo. La cabeza del árbol no es su copa sino los frutos, flores o bayas que produce. Los árboles representaban al ser humano a camino entre dos mundos, con los pies (raíces) siempre en la tierra, creciendo continuamente y dependiendo de los elementos y con una misión, producir los frutos que eran sus acciones, su evolución e inteligencia.

Consideraciones como las anteriores son las que nos permiten entender la preferencia por el claro de bosque como templo ya que en su interior el druida se encontraba en una zona sagrada delimitada por seres evolucionados que eran los árboles, y manteniendo una conexión perpetua con el cielo y la tierra. En el claro el druida realizará todas las prácticas mágicas importantes, se reunirá con los ancestros y desde allí hablará con sus árboles guía.

Para los druidas todo ser humano tenía una estrecha vinculación con los árboles. Dado que cada árbol poseía un carácter propio, una naturaleza de comportamiento y evolución y unos poderes mágicos determinados, no todos los árboles eran iguales desde el punto de vista de la liturgia y cada uno de ellos ejercía diferentes influencias sobre los humanos. Cada persona tenía tres árboles. El primero era el árbol de su nacimiento, es decir aquel que estaba relacionado con un día o mes concreto y marcaría su naturaleza y esencia de carácter. El segundo árbol era el protector o vigía que cuidaría de aquella persona durante toda su existencia. Finalmente, se consideraba una tercera naturaleza, el tercer árbol era temporal y variaba según el momento por el que pasaba el individuo. Así una misma persona podía estar pasando por una tránsito melancólico de sauce, por un período espiritual de roble, por un tiempo afectuoso de fresno, etc.

Los árboles, además de la vinculación arbórea con los días y meses del año, estaban asociados a las antiguas letras que configuraban el idioma celta. Por lo que se refiere a las vocales, la «A» se correspondía con el abeto, la «E» con el álamo blanco, la letra «D» con el tejo, la «O» con la inhiesta y el tojo, finalmente la «U» tenía su correspondencia con el brezo. Si bien no profundizaremos en los conceptos de la lengua celta que al parecer posee numerosas raíces de las lenguas indoeuropeas, cabe decir que las vocales de los árboles ya mencionadas eran poco menos que formas de invocación. Cada una de estas letras poseía un nombre que la definía y una forma de pronunciación que supuestamente favorecía su poder.

## LA ENERGÍA DE LAS PIEDRAS

Si los árboles eran importantes, las piedras no tenían menor protagonismo. Los druidas recurrían con frecuencia a las piedras, gemas y minerales. Con algunas de ellas practicaban la curación o la meditación, con otras trazaban inscripciones en sus menhires, en los árboles y en los caminos. Otra vía de uso de algunas piedras era el adivinatorio. Un curioso sistema era lanzar una serie de piedras sobre las brasas de una hoguera y esperar a que se partieran. El número de particiones y la forma de estas manifestaba el augurio. Pero las piedras protagonistas por excelencia serán los menhires y dólmenes.

El menhir es una piedra vertical que es hincada en el suelo. Numerosas teorías afirman que ello se lleva a cabo para acupuntar la tierra ya que al clavar un menhir en determinada posición, la tierra libera fuertes cargas magnéticas y vibracionales. De ser así, numerosos menhires nos estarían marcando los lugares en los que estuvieron las fuerzas magnéticas del planeta. Esta acupuntura lítica tendría una utilidad muy concreta: lograr incrementar los poderes del mago druida quien con sus pies descalzos junto al menhir recibiría el sagrado aliento o alma terrestre, energía al fin, que utilizaría en sus rituales.

Un dolmen por su parte es una agrupación de tres piedras, dos clavadas verticalmente al estilo de un menhir y una tercera horizontal que está situada sobre las otras dos. El dolmen parece ser un recinto de protección, quizá funerario, tal vez de culto solar o astronómico, pero es también un lugar de oficio al que recurrirán los druidas para impartir sus enseñanzas y rituales. Como edificación sagrada, el dolmen pudo servir para el recogimiento o la meditación. Se sabe que los druidas depositaban bajo él pequeñas ofrendas a sus dioses e incluso útiles de trabajo mágico.

Una cosa nos debe quedar clara. Tanto si hablamos de menhires, como de dólmenes debemos saber que ambos pudieron ser empleados por druidas y celtas, pero no necesariamente erigidos por ellos. No está nada claro que la famosa agrupación tipo crómlech de Stonehenge fuese una edificación celta aunque es cierto que los druidas, tanto antiguos como modernos, acudieron a este recinto megalítico, seguramente para llevar a cabo numerosos rituales y para captar la energía telúrica del lugar.

Influenciados por otras culturas como las germánicas, los celtas trazaron unos signos arquetípicos que conocemos como runas. Las runas forman parte de un antiguo alfabeto supuestamente creado por los vikingos, aunque en honor a la verdad debemos decir que hay numerosos alfabetos rúnicos y multiplicidad de signos que pueden ser considerados como runas aunque realmente no los sean. Los druidas emplearon las runas o mejor dicho algunos de los signos que las componen, pero las runas no son una herramienta mágica o adivinatoría exclusivamente celta. Las runas podian marcar caminos, lugares de culto, manifestaciones divinas etc. Por lo general se cree que su uso estaba limitado a los druidas, sin embargo, muchos artesanos utilizaron signos de carácter rúnico para decorar armas, joyas y herramientas.

Los signos rúnicos, algunos muy parecidos a los actuales anagramas, servían también para decorar las llamadas piedras o menhires móviles. No debemos ver a un druida, emulando al protagonista del cómic Obélix, transportando alegremente voluminosos menhires sobre sus hombros, pero si solían llevar consigo pequeñas piedras. Estos menhires ligeros cumplían la función de catalizadores telúricos, marcaje de caminos e incluso eran elevados a los aires en señal invocatoria, como sucedía con las espadas o las varitas.

Por lo que se refiere al uso de las piedras gema, las más importantes supuestamente empleadas por los druidas serian el cristal para la meditación, la turmalina para evitar la negatividad y propiciar estados curativos, la aguamarina para mantener la energía interior, el granate para las ceremonias de orientación sexual, la ortosa para la proyección hacia el otro lado u otro mundo, el rubí para proyecciones mentales y el topacio para los trabajos adivinatorios.

# DIOSES DE MÚLTIPLES CARAS

En la mitología celta, las figuras sagradas provienen tanto de la tradición gálica como del folclore de Irlanda o del país de Gales. A pesar del carácter local de los cultos religiosos, las leyendas se entrecruzan en un contexto de transmisión oral, y los mismos dioses cambian a menudo de nombre de un pueblo a otro. A este incremento de dioses se le añadirá la voluntad de unificación del panteón celta emprendida por los romanos a su llegada.

## Dagda

Dagda, el sabio todopoderoso, padre supremo de los celtas irlandeses, encarna la beneficiencia. Su nombre significa «el Buen dios» Sus principales atributos son una maza de grandes dimensiones que lo convierten en un combatiente irreductible, y un caldero símbolo de la abundancia y la hospitalidad. Ávido y de sexualidad desbordante, Daga está casado con Morrigane, diosa de la guerra. Protector de los Tuatha Dé Danann, juega un papel primordial en el conflicto que opone esta tribu a la de los Fomoré. Después de la segunda batalla de Mag Tuired, Dagda es obligado a ingerir, bajo pena de muerte, una cantidad suficiente de gachas para alimentar a diversas decenas de hombres. Cumplió con la sentencia de buen grado, con la ayuda de un cucharón gigante, y terminó por dormirse. Al despertar se había convertido en un viejo hombre obeso, pero listo, no obstante, para seducir a una de las mujeres Famoré persuadiéndola para que utilizara su magia en provecho de los Tuatha Dé Danann.

Dagda es el equivalente al dios Taranis, que los romanos describieron como el Júpiter de los galos. Taranis, nombre que significa «trueno», también es la personificación del sol. En el caldero de Gundestrup (Dinamarca), figura a los lados de una rueda que simboliza al mismo tiempo los rayos del astro y la fuerza de la tormenta. Esta singular representación expresa a la perfección la dualidad que caracteriza la figura de Dagda en la mitología celta: guerrero invencible y dios benefactor.

**Teutates**

Teutates es, según la etimología del nombre, el «dios del pueblo». Divinidad común a múltiples pueblos de la Galia, Teutates se muestra cruel y exige sacrificios humanos. Sus víctimas se ahogaban en una cuba de agua, como lo muestra una escena representada en el caldero de Gundestrup. Aunque la escena en cuestión también podría ser interpretada como un baño de inmortalidad, como el que recibió Cû Chulainn, uno de los héroes del ciclo del Uster. Si, por su papel de «guerrero supremo», Teutates ha sido relacionado muchas veces con Marte, también es cierto que sus atributos —inventor de todas las artes y dios civilizador— corresponden a los que porta Apolo o Mercurio. El caso de Teutates ejemplifica la confusión de la nomenclatura romana referida al vasto panteón celta.

**Cernunnos**

Dios de la abundancia y de la virilidad, señor de los animales salvajes, Cernunnos (el cornudo) ha sido asimilado a menudo al misterioso Dis pater del que habla César en la Guerra de las Galias (VI, 18) del que provendrían todos los galos. Apareciendo algunas veces bajo la forma de una divinidad tricéfala, Cernunnos está rodeado casi siempre por animales tales como ciervos, un toro, entre otras bestias tanto domésticas como salvajes. En el vaso de Gundestrup se le ve posando con un torque —collar galo atributo de divinidades— en una mano y en la otra con una serpiente con cabeza de carnero, símbolo de vigor y renacimiento.

## Epona

De origen galo, Epona fue venerada durante largo tiempo en el conjunto del mundo celta, hasta tal punto que mantuvo su identidad hasta que fue integrada en el calendario romano. La diosa de los caballos (del galo epo, «caballo») llegó a ser, en efecto, la protectora de los caballeros romanos. A menudo se la representa sentada en su montura, acompañada por un cuerno de la abundancia. Justamente esta referencia a la fertilidad es la que relaciona la figura de Epona con el culto primitivo galo de las aguas. Además de la fertilidad a la que está asociada Epona, su papel de amazona sin reglas permitía identificarla con Rhiannon, «la gran reina» de la historia de Pwyll. Imponente

Epona es la diosa celta de los caballos, de la fertilidad y de la naturaleza.

amazona, nadie ni nada podía detener a esta diosa cuando pone su caballo al galope.

## Ogmios

El poder del dios galo Ogmios, viejo guerrero de ceño fruncido por el tiempo, ataviado con una piel de león, no está en su vigor físico tanto como en la fuerza de sus palabras. En efecto, Ogmios (Ogmé en la variante irlandesa) es la personificación de la elocuencia entre los celtas. Presentado por los irlandeses como el inventor de la escritura, este sabio dispone de un poder sin fin. La leyenda cuenta que ataron su lengua a las orejas de los hombres con la ayuda de una cadena de oro. Ogmios opera, a fin de cuentas, como transmisor de la palabra divina entre los hombres y los dioses. Lucien de Samosate, cronista griego que dedicó un tratado a dicha deidad de la persuasión, lo asimila a Heracles, símbolo del heroismo griego.

## Lug

Lug es una de las más destacadas divinidades de la tribu de los Tuatha Dé Danann. Durante su infancia escapó a la voluntad de su abuelo, el Fomoré Balor «el del mal de ojo», que lo quiso ahogar junto a sus dos hermanos para impedir que se cumpliera la predicción según la cual encontraría la muerte a manos de su nieto.

Calificado como «de mano dura» o «de mano larga», es el señor incontestable de todas las artes. Docto en música, poseedor de gran fuerza y una inteligencia desmesurada, Lug toma la figura de salvador en las leyendas de las invasiones. Por otra parte, Lug es la encarnación del mito solar entre los «hijos de Danu», debido al propio significado de su nombre, «luz». En el transcurso de la segunda batalla de Mag Tuired, el joven soberano escapó a la mirada paralizante de Balor, capaz de aniquilar a un ejército entero, atravesando de un golpe de piedra el ojo mágico de su abuelo, confirmando de este modo el presagio que pesaba sobre su cuna.

# RELATOS MITOLÓGICOS

No podemos encontrar, hablando con propiedad, una narración de los orígenes claramente identificable entre los celtas. No obstante, en la tradición irlandesa, el Libro de la Ocupación de Irlanda (*Lebor Gábala Erenn*) nos permite volver a trazar la línea mítica de los habitantes de la Isla. Debido a su constitución tardía (hacia el siglo XVI), la leyenda nacional irlandesa mezcla elementos bíblicos, episodios de la mitología clásica y narraciones vernaculares.

Después del Diluvio Universal, la raza de los Cessair ocupó las tierras de lo que será Irlanda, però desapareció por completo. A continuación se sucedieron diversas oleadas de invasores, en una de las cuales se encontraban la formada por Grec Partholon y dos decenas de parejas que lo acompañaban, se multiplicaron durante trescientos años, antes de ser aniquilados por una epidemia.

A través de estos invasores, la tribu de los Tuatha Dé Danann —«los hijos de Danu»—, nacidos de la unión de la diosa Danu «la benefactora» (*Dôn* en Gran Bretaña) y de Bilé, dios de la muerte (*Béli* para los Brittones), jugará un papel fundamental en la constitución del reino de Irlanda. A ella se le atribuye la derrota de los Fomoré —monstruos gigantes y deformes, con un solo brazo o una sola pierna, o con cabeza de cabra— en ocasión de dos célebres batallas, denominadas las batallas de Mag Tuired. En el transcurso de la primera batalla, el rey Nuada per-

El dios Lug en plena batalla. Ilustración de 1905, de H. R. Millar.

dió la mano derecha, hecho que le privó del trono. Le sucedió Bres, hijo de Fomoré y Dé Danann, dando lugar a un período de paz durante el cual las dos razas enemigas se aliaron mediante uniones matrimoniales. A lo largo de este tiempo, Nuada recibió, por parte del dios Diancecht una mano de plata que, colocada hábilmente en su muñeca, sustituyó a la que perdió. Bres resultó ser un rey injusto. Justo antes del momento que fue forzado a abdicar, persuadió a los Fomoré para expulsar a los Dé Danann de Irlanda. Nuada «el de la mano de plata», en el momento de retomar el poder decidió ceder el control al joven y prodigioso Lug (Luz), con el propósito de que pudiera organizar la resistencia de los Dé Danann. En ocasión de la segunda batalla de Mag Tuired, Lug «rey por trece días» consiguió vencer a los Fomoré, quienes fueron definitivamente expulsados de la Isla.

Siguió un período de confusión, marcado por el retorno de dos dioses del reino de los muertos, Bilé e Ith. Dichos espectros intervenían constantemente en la vida política. Rasurados por la promesa de un culto y unos sacrificios regulares ofrecidos por los Tuatha Dé Danann, Bilé e Ith forzaron a «los hijos de Danu» a abandonar la isla de Erinn, nombre mítico de Irlanda que los descendientes de Bilé cambiaron en homenaje a Éiru —esposa de Mac Greine, monarca de los Tuatha Dé Danann—, quien llegaría a ser la personificación de Irlanda (Eire) desde la profecía del vidente Amorgen.

## LIBRO DE LA OCUPACIÓN DE IRLANDA (*Lebor Gábala Erenn*)

Esta narración nos cuenta, plagiando a su manera el Antiguo Testamento, la toma de posesión de Irlanda por cinco «razas» precedidas de una «anteprimera» que, por llegar cuarenta días antes del diluvio bíblico, no perduró. Las tres primeras razas, cuyos nombres poco nos importan aquí, fueron aniquiladas por epidemias.

La cuarta, los Fir Bolg «hombres del rayo», fue vencida por la quinta, los tuatha Dé Danann «tribus de la diosa Dana».

En cuanto a la sexta —o quinta si no contamos la «primera»—, los goidels «hijos de Milo»), constituye la «raza» de los primeros ocupantes históricos, antepasados de los actuales irlandeses.

### Los tuatha Dé Danann

Dicen que los tuatha vinieron de las «Islas del norte del mundo» y que vencieron y suplantaron a los Fir Bolg. También combatieron a los Fomoré, raza de «dioses-demonios» demiurgos tuertos y con un solo miembro, mancos, con una sola pierna, que nunca dejaron de ocupar Irlanda y contra cuyo poder negativo cada raza invasora debió luchar. Esos son precisamente los combates narrados en *La batalla de Mag Tuired*. Cuando los Tuatha fueron vencidos a su vez por los Goideis, no abandonaron por ello el país sino que ocuparon los lugares profundos —colinas y lagos— o secretos —colinas y montañas—, en cierto modo «otro mundo» —sid, «la paz» o también Tir na n-Og, «la tierra de los jóvenes»— desde donde fueron más a menudo útiles que hostiles a los hombres.

Los Tuatha aprendieron de los cuatro dioses primordiales, «hijos» de Dagda, ciencia y sabiduría y trajeron de las «Islas del norte del mundo» talismanes mágicos: el caldero de Dagda con su inagotable poder de saciar, la lanza de Lug que inflige heridas morales, la espada de Nuada (alias Ogma) que vuelve invencible a quien la detenta, y finalmente la Piedra de Fal que, con su «grito», confirma la realeza del candidato que la pisa.

## LA BATALLA DE MAG TUIRED

En el transcurso de la batalla contra los Fir Bolg, el dios rey Nuada perdió el brazo derecho. Mutilado, incompleto, ya no era digno de reinar. Los Tuatha establecieron entonces un acuerdo con los Fomoire, de quienes «recibieron» un rey: Bres. Pero este se condujo como un mal soberano, exprimiendo a sus sujetos en vez de colmarlos.

Cansados de su avaricia y su conducta, los Tuatha quisieron que Bres abdicase. Lejos de aceptar, Bres reunió un ejército de Fomoré y se dispuso a someter a los Tuatha.

Mientras tanto, el dios médico Dianchet logró fabricar una prótesis de plata del brazo que le faltaba a Nuada. Gracias a esta Nuada era digno de reinar otra vez y, de paso, de expulsar a los Fomoré. Pero la lucha resultó difícil; los Fomoré eran poderosos.

Afortunadamente un joven guerrero, el dios Lug, llegó a la corte del rey Nuada y dio a conocer su habilidad universal ganando tres pruebas: musical, física e intelectual. Con su arpa tocó sucesivamente la melodía de la tristeza —haciendo llorar a todos sus oyentes—, la del sueño —adormeciéndolos todo el día—, y finalmente la de la risa —que alegró a los presentes. Después, logró devolver al interior del palacio la Piedra de Fal que el dios Ogma había lanzado al exterior. Esta piedra, que «gritaba» bajo los pies del rey candidato para manifestar la confirmación de su realeza, era tan pesada que eran necesarios ochenta bueyes para arrastrarla.

Finalmente, el dios Lug ganó un torneo de ajedrez contra el rey. Proclamado por el rey Nuada sabio entre los sabios, ocupó su trono por espacio de trece días, durante los cuales organizó metódicamente el combate contra los Fomoire hasta exterminarlos y apresar a Bres.

A cambio de su liberación, los Tuatha hicieron prometer al vencido Bres que aseguraría la prosperidad de Irlanda. En cuanto al dios druida Dagda, en la sala del banquete de los Fomoire recuperó el arpa que le habían robado.

El final de la narración es bastante enigmático pues la diosa de la guerra, Badb («corneja»), profetizó en términos apocalípticos y crudos el fin del mundo:

> *Veré un mundo que no me gustará: verano sin flores, vacas sin leche, mujeres sin pudor, hombres sin valor, capturas sin rey.*
> *Cada hombre será un traidor, cada niño, un ladrón, el hijo dormirá en la cama del padre, el padre dormirá en la cama del hijo, todos serán suegros de su hermano.*

Señalemos que el combate entre Tuatha y Fomoré tiene otras correspondencias «indoeuropeas», como el combate entre los Aesir y los Vanir en la mitología escandinava, entre Deva y Asura en la mitología indoiraní, o el de los dioses y los titanes en la mitología griega.

Señalemos también que Lug no es solo el dios guerrero, sino también, y sobre todo, el fundador de la realeza en Irlanda. Dicen que fue él quien enseñó al druida primordial —Fintan— las reglas destinadas a regir la vida política y social de Irlanda.

## EL CORTEJO DE ETAN

En este ciclo mitológico, no aparecen ni el dios Lug ni los Fomoré. Por contra, los personajes centrales son Dagda «dios bueno», su hermano Elcmar «muy malo» —otro nombre de Ogma—, Boand «vaca blanca», esposa de Elcmar y amante de Dagda, Mac Oc «hijo joven» —otro nombre de Diancecht—, hijo adulterino de Dagda y de Boand, Midir, el dios del Otro Mundo, y finalmente Eochaid, el rey de Irlanda.

Existen muchas variantes de estas narraciones, además de numerosas peripecias:

### La historia de Mac Oc

Para poder unirse a su cuñada Boand, Dagda envió a su hermano Elcmar a una lejana embajada. Después, dicen que Dagda suspendió el curso del sol durante nueve meses. Así, el niño nació el mismo día de su concepción y Elcmar no notó nada a su vuelta. Criado por Midir, el dios del Otro Mundo, Mac Oc pidió a Dagda, su padre, que le diese un lugar para residir en la tierra.

Desgraciadamente, Dagda ya lo había distribuido todo y no tenía nada que darle. Mac Oc solicitó entonces en préstamo la Posada de la Boyne por un día y una noche. Dagda se la concedió, pero cuando quiso recuperar su préstamo, Mac Oc se negó a devolvérselo arguyendo que veinticuatro horas (un «día» y una «noche») valían una eternidad.

### La historia de Etan

Midir, de visita en casa de Mac Oc, fue herido en el ojo. Para compensarle el daño recibido, Mac Oc le ofreció la más bella de las chicas de Irlanda, Etan.

La esposa legítima de Midir, ofuscada por la presencia de Etan, la metamorfoseó en una pequeña laguna. De esta salió una oruga que se convirtió en una gran mariposa. Ello no pareció molestar mucho a Midir, a quien agradó el cambio. Entonces, la esposa legítima proyectó a Etan por los aires en forma de un gusano minúsculo que «aterrizó» finalmente —al cabo de mil doce años— en la copa de una reina que se la tragó y dio a luz así a una diosa que nació con forma humana. Convertida en mujer, Etan se casó entonces con Eochaid, el rey de Irlanda.

La narración prosigue con los intentos de Midir, finalmente coronados por el éxito, para recuperar a su esposa de brazos de Eochaid. Etan no abandonó nunca más el sid —«la paz», el Otro Mundo— a pesar de todos los esfuerzos de Eochaid.

## El alma inmortal del Otro Mundo

Situado más allá de los mares, hay un país de ensueño que solo es una pequeña parte del Otro Mundo de los dioses. Este *más allá* es diferente hasta el punto de no ser temporal ni espacial, y que el humano que lo alcanza o es atraído a él por hadas, esas hechiceras del sid, pasa «siglos» de vida paradisíaca que le parecen «días». Pero si, deseoso de volver a su lugar de origen que añora, el humano pone un pie en la tierra, bajo el peso del tiempo que reencuentra, se convierte en polvo.

Así es como se narra, entre otros, el símbolo del alma inmortal en sus peregrinaciones terrestres y «extraterrestres».

Y, a pesar de la cristianización, cuentan la historia de monjes navegantes en busca de esas islas afortunadas del Otro Mundo. La mayoría de estas peregrinaciones y viajes tuvieron lugar en tiempos de la Samain —primero de noviembre—, tiempo mito-litúrgico durante el cual el Otro Mundo invade el tiempo humano.

Como siempre, a instancias de lo que pasa entre los dioses, se trata de una querella de soberanía, de la instauración de un orden que no aspira a excluir sino a dominar lo negativo. La imperfección constitutiva del mundo implica una lucha, un combate del que emerge un orden-equilibrio que volverá a ser amenazado. Sin duda, todo dista de estar claro en estas narraciones cuyo esoterismo maravilloso oculta el esoterismo secreto y, para algunos, metafísico. En los meandros y los arabescos de la narración mítica celta se adivina una búsqueda cuya clave podría ser el absoluto.

Citemos de memoria el ciclo del Ulster —región del noroeste de Irlanda—, con el rey Conchobar y el héroe Cû Chulainn, el ciclo osiánico o ciclo de los Fenians, así como las «Infancias» galas, de factura más reciente.

## LA LEYENDA IRLANDESA DE CÛ CHULAINN

Esta historia, la más conocida del ciclo heroico del Ulster, tuvo lugar en tiempos del rey Conchobar MacNessa, quien gobernaba el Ulster desde el año 30 a. C. hasta su muerte, en el año 33 d. C. Cû Chulainn, el «campeón de los Ulates», es hijo de Dechtiré, hermana del rey Conchobar y del profeta Sualtam. Pero podría ser que Cû Chulainn, llamado Setanta al nacer, fuera el verdadero hijo de Lug, el dios solar.

El sobrenombre de «Cû Chulainn» le viene de su primera hazaña en la corte de Conchobar. A la edad de siete años, Setanta fue atacado por el perro de Cûllan, jefe de los herreros del Ulster. Ascendido a guerrero, el joven muchacho hizo acopio de un valor inaudito y mató al animal con sus propias manos. Para calmar la cólera del herrero, Setanta se propuso reemplazar al perro guardián que había abatido, mientras Cûllan escogía a otro perro para tal puesto. Desde entonces, el joven hijo adoptivo del rey Conchobar será conocido bajo el nombre de Cû Chulainn, que en realidad significa «el perro de Cûllan». Cû Chulainn descubriría más tarde la magia a través de la hechicera Scathach (la Sombra) que vivía en Escocia. Antes de volver al Ulster, venció a la amazona Aïffé, a quien había seducido con anterioridad.

Será durante la guerra del Ulster contra los otros cuatro reinos de Irlanda (Connaught, Munster, Meath y Leinster) que Cû Chulainn realizará sus más grandes hazañas. La disputa giraba en torno a la posesión del Toro pardo de Cooley, criatura mítica codiciada por los cinco reinos. Madb, reina de Connaught, inició la guerra en el momento que los Ulates eran víctimas de una antigua maldición. En efecto, estos fueron paralizados momentáneamente, hecho que los dejaba especialmente vulnerables. Cû Chulainn, debido a su origen divino, escapó a tal maldición, enfrentándose en solitario —con la ayuda de sus poderes mágicos— a sus adversarios durante varios días. Lug, su verdadero padre, le proporcionaba ayuda cada noche, curando sus heridas y reforzando sus sortilegios. A pesar de esa ayuda paterna, no pudo impedir el hurto del Toro pardo.

En el transcurso del último duelo, el campeón de los Ulates se batió contra Ferdiad, su amigo de la infancia y compañero de armas en casa de la hechizera Scathach —algunas versiones afirman que se trataba de un hermanastro—. Mostrando una gran habilidad, Madb pudo convencer a Ferdiad para enfrentarse a Cû Chulainn y que rompiera así el pacto de amistad que había entre los dos guerreros. Durante tres días lucharon tímidamente, reconfortándose mútuamente al caer la noche. Al cuarto día, Cû Chulainn mató a Ferdiad con la ayuda de un sable mágico que aprendió a manejar mientras estuvo con la hechicera Scathach. Sobrecogido por una gran compasión, perdonó la vida de Madb —por ser mujer—, permitiéndole recuperar el reino de Connacht.

Sin embargo, los signos de debilidad del dios de los Ulates no tardaron en manifestarse. Como resultado, Cû Chulainn mató sin saberlo a Conlach, su único hijo fruto de su unión con Aïffé. La tristeza y la locura se instalaron en su alma. La reina Madb se aseguró de la caída del héroe, enviando a tres hijas de Callatin —una de las víctimas de Cû Chulainn— al Valle de los Sordos —lugar en el que se escondía el héroe— y transformadas en cuervos provocaron que Cû Chulainn saliera de su escondite, a pesar de las precauciones tomadas por su amante Niam y por el druída Cathbad. Cayó en la trampa y comió carne de perro, hecho que le estaba específicamente prohibido. Su lanza mágica le fue sustraída por unos bufones al servicio de

Madb, y por último, desposeído de todos sus poderes mágicos, fue alcanzado por una jabalina mágica lanzada por Lugaid, el hijo de una de sus víctimas. Grávemente herido, y vislumbrando su final, se ató a una roca para poder morir erguido, afrontando a sus enemigos. Agonizó durante tres días sin que nadie osara acercársele y, fatigado, terminó por sucumbir. Dicen que no se supo que estaba muerto hasta que una de las hechiceras convertida en cuervo se posó sobre su cabeza. Cuentan también que al entregar el alma cortó la mano del enemigo que fue a cortarle la cabeza.

## LAS SAGAS DE LOS FIAN

Los relatos del Ciclo Feniano son tan importantes como los del Ciclo del Ulster. Comunes a Irlanda y a Escocia, tienen a modo de marco una ambientación primitiva, consistente en cazadores nómadas que transitan los bosques salvajes de países lejanos. En las leyendas fenianas, a menudo se evoca la presencia de la tribu de los Tuatha Dé Danann. Dos de los personajes —Finn y su hijo Ossian— destacan en esta tradición.

### Finn

Hijo de Cumhail, Finn MacCumhail es descrito como un poeta que se bate contra los monstruos. Aunque también lo dibujan como alguien de lo más refinado, a la vez que gran poeta y astuto cazador. Mantiene una estrecha relación con los animales, hasta tal punto que sus perros preferidos no son otros que su sobrina y su sobrino metamorfoseados en mastines. La figura de Finn no se aleja demasiado de la de Lug, pues los dos combaten a criaturas temidas por el poder de su mirada. Finn —cual nombre significa «el Blanco» o «el Rubio»— mata a Goll, el eterno enemigo de un solo ojo de los hijos de Cumhail.

La historia de su iniciación a los poderes sobrenaturales reviste especial interés. Ciertas versiones cuentan que el joven Finn —llamado Demné por aquel entonces— adquirió sus poderes degustando el Salmón del conocimiento. El joven se encontró con Finn, el poeta, que esperó con paciencia a poder pescar el salmón de Linn Feic, fuente inagotable de conocimiento —quien lo comiera se volvería sabio, pues el Salmón del conocimiento, había adquirido la sabiduría al comer el fruto de tres avellanos sagrados—. El joven recibió las instrucciones de Finn, el poeta, para cocinar el salmón sin poder probar parte alguna. Cuando el joven terminó de cocinarlo, se lo presentó al poeta. Este quiso averiguar si había probado el pescado y le preguntó cómo había transcurrido la cocción. El joven le respondió que mientras lo estaba cocinando se había quemado el pulgar al sacarlo del fuego y para calmar la quemadura se había llevado el dedo a la boca. Entonces el poeta comprendió que el joven era el elegido, y que se llamaría desde ese momento Finn y supo que el salmón le correspondía. Al comer el Salmón del conocimiento el joven Demné se convirtió en Finn —que al chuparse el pulgar alcanzó el conocimiento— y adquirió los poderes del poeta. Gracias a esta revelación, el don de la profecía se hacía efectivo cada vez que ponía su pulgar sobre su«Diente del conocimiento».

## Ossian

Nacido de la unión de Finn y Sadb, una cierva con torso de mujer del Otro Mundo, Ossian se impuso como héroe de las «baladas posfenianas». Cuenta la leyenda que en el transcurso de una partida de caza, los perros de Finn atacaron a un niño desnudo de pelo largo. Después de la narración del niño, Finn descubrió que se trataba de su propio hijo, criado por Sadb en el desierto, lejos de las miradas. Finn lo llamó Ossian (Oisín, «pequeño cervatillo»).

Sobreviviente de la batalla de Gavra (283 a. C.) en el que murió su padre, Ossian fue llevado por la diosa celta Niameh al paraíso a bordo de un bote de cristal. Después de 300 años de agradable bonanza, extraño a los cambios en el mundo humano, Ossian sintió nostalgia y decidió regresar a la Tierra. Niameh puso a su disposición su caballo mágico con la única condición de que no pusiera los pies en la tierra, a riesgo de perder sus poderes divinos. Una vez en tierra, ayuda a unos hombres vestidos con trapos a levantar una roca. Pero al hacerlo, la correa de la silla cedió y Ossian cayó. De repente, su magia desapareció y se convirtió en un anciano ciego. La leyenda de Ossian fue objeto de un renovado interés durante los siglos XVIII y XIX por un fraude literario. James MacPherson, escritor escocés, afirmó ser el traductor de una serie de cuentos gaélicos, que reagrupados bajo el título traducido Poemas de Ossian (The Works of Ossian), hijo de Fingal. Estos trabajos, publicados entre 1760 y 1763, encontraron un gran éxito en escritores como Goethe, Madame de Staël, Byron, Walter Scott, Chateaubriand y otros. Napoleón cita como una de sus lecturas favoritas. Schubert, Wagner y, sobre todo, también han sido influenciados por el escritor apócrifo al componer sus obras. A pesar de que ahora se acepta que MacPherson inventó una gran parte de sus términos, los críticos coinciden en que sin embargo se había inspirado en varios poemas pertenecientes al ciclo gaélico osiánico, descubiertos tras la muerte de dicho autor controvertido.

Ossian, pintado por
François Pascal Simon
Gérard (1801).

## Un cuento de Gales: el Mabinogion galés

El único libro digno de ese nombre es el Mabinogion, un título que se da en el siglo XIX a una recopilación de cuentos que relata la gesta heroica de ciertos dioses de Gales. En el interior del Mabinogion, las «cuatro ramas de los Mabinogi» son la esencia de esta historia. Del mismo modo, nos encontramos con «la historia de Culhwch y Olwen», en la que aparece brevemente la figura de Arturo en el papel de cazador del jabalí mágico.

El interés de la leyenda de Pwyll, que ocupa la primera y la tercera parte de los Mabinogion se explica por el hecho de que se trata de un conjunto de temas universales del folclore celta.

### Las aventuras de Pwyll el Sabio
Príncipe de Dyfed, Pwyll estaba en una cacería cuando vio a un ciervo perseguido por unos perros blancos como la nieve y las orejas rojas. Pwyll esquivó a esas extrañas bestias para que su propia manada se lanzara a la caza del ciervo. Al mismo tiempo, fue sorprendido por Arawn, rey de Annwyn, que le reprochó su falta de cortesía, y le dijo que la presa era de su propiedad. Para hacer las paces, Pwyll se comprometió a liberar a Arawn del yugo de Hafgan —su enemigo declarado—. Por lo tanto, se acordó que los dos soberanos cambiarían sus papeles, en secreto y durante un año, en sus cortes respectivas. Una vez instalado al mando del Reino de Annwyn, Pwyll aprendió buenos modales y logró matar al malvado Hafgan de una vez, condición necesaria para que el enemigo se encontrara con la muerte.

Al regresar a su casa, Arawn se entera de que Pwyll fue casto con su mujer, quien sin darse cuenta de la sustitución del rey se quedó asombrada de su comportamiento. Arawn encuentra en Pwyll a un leal compañero, por lo que desde entonces a este último se llamó «Pwyll, jefe de Annwyn». Por su parte, Pwyll constató agradablemente que su reino fue gobernado también correctamente.

Un día que estaba paseando, Pwyll vio a una mujer hermosa sobre un caballo blanco. Trató varias veces de alcanzarla, pero no lo consiguió, el caballo no parecía ni mucho menos acelerar el ritmo. Al cabo de tres días de persecución infructuosa, la mujer —Rhiannon— se dejó alcanzar y le declaró su amor a Pwyll, y su intención de convertirse en su esposa a expensas de su pretendiente Gwawl. Un año y un día después de la reunión, en una fiesta, un desconocido le preguntó a Pwyll que le concediera un favor. Pwyl accedió a su petición, ignorando que el extraño no era otro que Gwawl, quien pidió la mano de Rhiannon. Incapaz de traicionar su palabra, Pwyll aceptó. Su prometida le dio un saco de provisiones mágico. Durante el matrimonio entre Gwawl y Rhiannon, Pwyll disfrazado de mendigo pidió que le llenaran el saco. Pero aunque el saco fuera cargado de alimentos, nunca se llenaba. El falso mendigo le dijo a Gwawl, exasperado, que la única manera de hacerlo sería poniendo los dos pies en el saco para comprimir su contenido. Gwawl accedió y Pwylll lo cerró dentro del saco y lo golpeó a palos hasta que este solicitó misericordia. Pwyl liberó a su rival, no sin antes haberlo obligado a jurar que se iría sin pensar jamás en la venganza. A partir de ese momento la boda pudo continuar, con el pretendiente correcto.

Después de largos años, el matrimonio consiguió tener un niño. Or, el día de su nacimiento, el niño desapareció misteriosamente. Las damas de compañía de Rhiannon, asustadas por la idea de ser castigadas por dejar que desapareciera el niño sin vigilancia, querían hacer creer que se trataba de un infanticidio. Mientras la reina dormía, mataron a un perrito, dispusieron los huesos en la habitación, y mancharon de sangre el vestido de la joven madre. Pwyll decidió castigar a su mujer: Rhiannon debería quedarse sentada a las puertas de palacio, contar el horrible crimen a los que pasaran por allí y llevarlos sobre sus espaldas como un caballo.

El día que nació el hijo desaparecido, un fenómeno similar se producía donde los Teyrnon, uno de los vasallos de Pwyll.

Cada primero de mayo, de su yegua nacía un potro que desaparecía. Teyrnon decidió que su yegua diera a luz en el interior de su casa para asegurarse de que el potro no se escapara. Cuando una mano intentó robar el potro por la ventana, Teyrnon le cortó el brazo pero el malefactor consiguió escapar. Con gran sorpresa, encontró a un niño en su puerta. Se trataba del hijo de Rhiannon y Pwyll, quien poco tiempo después fue entregado a sus padres y fue llamado Pryderi —que significa «espera»—.

# DIOSES Y MITOS NÓRDICOS

Europa como continente geográfico, o mejor aún, una buena parte del continente euroasiático, fue, entre los milenios tres-cuatro y el primer milenio de nuestra era, el lugar de encuentro entre invasores y autóctonos. De los autóctonos no sabemos casi nada. En cuanto a los invasores, grupos itinerantes y «expansivos», los conocemos mejor aunque los documentos que poseemos sobre ellos también suelen ser parciales.

En cualquier caso, hay un «grupo germánico» del que sabemos, por las lenguas que utiliza, que pertenece a la familia lingüística indoeuropea y que en los albores del segundo milenio antes de nuestra era empezó a moverse hasta cubrir con olas sucesivas un área geográfica que se extiende desde el mar Negro hasta Groenlandia, desde Escandinavia hasta España.

Un desarrollo lineal, articulado y específico no permite aprehender semejante extensión en el tiempo y el espacio, ni el número de contactos, belicosos, pacíficos o culturales, tanto entre grupos invasores e invadidos como entre vecinos.

Sin embargo, conviene ordenar a grandes rasgos ese vasto conjunto para aportar al lector unas mínimas referencias.

## CONDICIONES DE VIDA DE LAS POBLACIONES NÓRDICAS

Al inicio de la expansión germánica, Dinamarca, Suecia y Noruega no formaban naciones, únicamente eran agrupaciones de pueblos con una lengua, unas costumbres y una religión comunes. Con unas condiciones de vida duras, esos pueblos nunca habían sufrido invasión alguna.

En el siglo IX, la población de Escandinavia no pasaba de los dos millones de habitantes. Estaba repartida en pequeñas comunidades autónomas, que vivían en un régimen autárquico en las islas y a orillas de los fiordos. La distancia que separaba dichas comunidades y los interminables inviernos nórdicos, durante los cuales vivían replegadas en sí mismas, no favorecían el proceso de unidad. Los únicos lazos que se establecían de vez en cuando entre los clanes eran los matrimonios o las operaciones guerreras conjuntas. A menudo, se enfrentaban entre ellos, y cada uno procuraba asegurarse por la fuerza la supremacía sobre sus vecinos.

Las poblaciones escandinavas apreciaban su libertad, y se complacían mucho del estado de semianarquía en que vivían. No conocían más que dos categorías de individuos: los hombres libres y los esclavos. Fueran ricos o pobres, los hombres libres gozaban de los mismos derechos y solucionaban en común los problemas que se le planteaban a la comunidad. Las nociones de clase y de privilegio transmisible por vía hereditaria eran desconocidas. Los hombres libres elegían a sus «reyes», que en realidad no eran más que jefes de clan, entre los que consideraban como los mejores de ellos. En la vida corriente, el rey estaba obligado a consultar a sus electores con respecto a todas las decisiones importantes. Solo en épocas de guerra se convertía en el jefe único, al que debían obediencia todos los miembros del clan.

La pesca, la caza, la ganadería y la agricultura aseguraban los medios de subsistencia de los habitantes. Los peces abundaban en el mar y en los lagos. Los numerosos bosques eran ricos en caza, pero también en encinas, tan valiosas para construir los barcos como para alimentar las piaras de cerdos.

## LA RELIGIÓN DE LOS PUEBLOS ESCANDINAVOS

La mitología nórdica evolucionó de manera distinta según los lugares y las épocas. Los dioses de los escandinavos estaban lejos de ser perfectos y eran mortales. Recurrían normalmente a la trampa y la mentira y, cuando no luchaban entre sí, se pasaban la mayor parte del tiempo organizando conspiraciones unos contra otros.

En el origen del mundo, del encuentro entre el hielo y el fuego nació la vida. De su fusión, nacieron un gigante hermafrodita, Ymer, y una vaca, Audumla. Audumla se alimentaba lamiendo los bloques de hielo, y de sus ubres nacían cuatro ríos de leche, a los que acudía Ymer para nutrirse.

En la noche del primer día en que la vaca empezó a lamer los bloques de hielo, vieron aparecer la cabellera de un hombre; al segundo día, apareció la cabeza y, al tercero, el hombre entero. Se trataba de Buri, el abuelo de la familia de dioses a los que se llamó los Ases.

Reunión germana, elaborado a partir de la representación en un relieve de la Columna de Marco Aurelio.

De la unión del hijo de Buri con una giganta, nacieron los tres primeros dioses, Odín, Vile y Ve.

Odín y sus hermanos mataron a Ymer durante una pelea y construyeron el mundo con su cadáver. Utilizaron la parte superior de su cráneo para edificar la bóveda celeste. Su cerebro sirvió para hacer las nubes. Su sangre se convirtió en el mar, su carne en el suelo de nuestra tierra, sus huesos en las montañas, y sus cabellos en los árboles.

Odín y sus dos hermanos también crearon la primera pareja humana, Ask y Embla, transformando en hombre y mujer dos árboles caídos que habían encontrado en una playa mientras paseaban por ella. Para ponerles a salvo del ataque de los gigantes, tanto a ellos como a su descendencia, les llevaron al interior de Midgard (el recinto del centro), que habían fortificado levantando una muralla con las cejas del gigante Ymer.

El mundo se presentaba bajo la forma de un disco rodeado por un océano. Midgard se encontraba en el centro. En un pico, los dioses edificaron Asgard, la residencia de los dioses, su morada, que fortificaron y rodearon con un gran muro. Por debajo de Midgard, se encontraba Niflheim o Hel, el reino de los muertos. Por último, los dioses relegaron a los gigantes muy lejos, en los confines del océano, donde les ofrecieron una tierra, Jotunheim (la morada de los gigantes) , para que se estableciesen en ella.

La cohesión de este universo estaba asegurada por Yggdrasil, el Árbol del Mundo, un fresno gigantesco que se elevaba hasta el cielo, y cuyas ramas cubrían el mundo entero. Sus raíces bajaban hasta el Jotunheim , el Hel (morada de los muertos) y el Midgard. Tres guardianas, las Nomas, lo protegían permanentemente contra los ataques incesantes de un dragón furioso, y del apetito insaciable de cuatro ciervos que devoraban sus hojas.

Odín, el dios de la guerra y de la sabiduría, había elegido como domicilio el Árbol del Mundo. De un nivel intelectual superior al de los demás dioses, presidía el Aesir, la asamblea de los Ases. Personaje de múltiples facetas, se consideraba a Odín el dios de la guerra, pero también el de la poesía. Era astuto y cruel, lo que no le impedía gozar de una veneración particular, ya que protegía a los guerreros valerosos en lo más encarnizado de los combates. De su unión con Frigg, nacieron Thor y Baldur.

Thor —que significa «trueno»— era el otro dios que, además de Odín, dominaba la familia de los Aesir. La veneración de que era objeto superaba la de Odín. Dios de los agricultores, dominaba el viento, la lluvia y las tormentas, de los cuales dependen las cosechas. Cuando resonaba el trueno, era él que se desplazaba por el cielo en un carro tirado por dos machos cabríos. Con frecuencia, los marinos invocaban su protección contra Ran, otro dios malévolo que, en compañía de sus nueve hijas, procuraba hacerles naufragar. El símbolo de Thor era el Mjolnir, un martillo muy particular, que volvía a él como un boome-

Thor.
«Reina sobre el relámpago, y bajo la espuela del viento alza su voz de trueno».

rangcada vez que lo lanzaba. Para manejar un arma semejante, se servía de unos guanteletes de hierro y, sobre todo, de un cinturón muy ancho, que le daba una fuerza gigantesca. Cuando lanzaba el Mjolnir, Thor no fallaba nunca el blanco.

El bello Baldur, el de la rubia cabellera, era el segundo hijo de Odín. Su temperamento bueno y tranquilo contrastaba con el de los demás dioses. Tanto los dioses como los hombres le amaban porque era justo y sabio. Baldur supo por un sueño premonitorio que su vida estaba amenazada. Entonces, Odín fue a consultar a una sibila, quien le dijo que su hijo perecería. En su deseo de evitarlo, los dioses hicieron prometer a todos los seres y a todas las cosas del universo que jamás atentarían contra la vida de Baldur.

Frigg, su madre, consiguió el juramento de todos los animales, de todas las enfermedades, del agua, el fuego, la tierra, los árboles, las piedras y los metales. Baldur se volvió tan insensible a las heridas que se convirtió en un juego para los dioses el lanzarle piedras, golpearle con las espadas, arrojarle jabalinas y dispararle flechas. Desgraciadamente, Frigg no juzgó necesario hacer que el múerdago, que vive sobre los robles, prestase también juramento. El horrible Loki, que estaba celoso de Baldur, se enteró de esta omisión. Construyó una jabalina con una rama de muérdago, y puso el arma en las manos de Hodr, otro de los hijos de Odín, que era ciego. Después le acompañó junto a Baldur para que participase en eljuego de los dioses. Ayudado por Loki, Hodr lanzó la jabalina contra Baldur y le mató en el acto.

La muerte de Baldur supuso una gran tragedia para los dioses y para los hombres. Fue a parar al reino de los infiernos, inmenso palacio subterráneo del que ascendían sin cesar los lamentos de las almas de los muertos. Los dioses intentaron hacerles salir del Hel, proponiendo pagar un rescate. La guardiana del Hel no aceptó liberarle a no ser que todos los seres y todas las cosas del universo llorasen su desaparición. Todo el mundo se mostró de acuerdo, a excepción de una vieja bruja que vivía en una caverna. No era otro que el horrible Loki que , capturado y encadenado, había conseguido escapar. Habrá que esperar el Ragnarók , el holocausto que aniquilará el universo, para ver resucitar a Baldur, el dios bienamado.

Otro grupo de dioses, los Vanir, agrupaba, según se cree, a dioses más antiguos. Los Vanir estaban presididos por Njlird, padre de Frey, dios de la fertilidad, y de Freyja.

Asgard, la gran montaña envuelta por las nubes, era la morada de los Aesir y los Vanir. Mucho tiempo atrás, una guerra encarnizada había enfrentado a los dos grupos de divinidades. El resultado fue incierto y —tras haber intercambiado algunos rehenes— los Aesir y los Vanir hicieron la paz. En Asgard también se hallaba el Valhalla, paraíso de los vikingos. Se trataba de un paraíso muy distinto al de los cristianos, donde el reposo en la paz eterna se sustituía por el combate eterno combinado con orgías alcohólicas. Cada mañana, Odín enviaba a los cuervos Muninn (memoria) y Huginn (pensamiento) a través del mundo. Volvían a la hora de cenar para posarse en sus hombros y contarle todo lo que habían visto. A veces, Odín montaba en su caballo de ocho patas, Sleipnir, para enterarse personalmente de lo que ocurría en la Tierra.

Odín también enviaba a las valkirias a los campos de batalla para elegir entre los muertos a los guerreros que debían conducir al Valhalla. La creencia de los vikingos en ese Más Allá viene confirmada por los numerosos objetos encontrados en las sepulturas, útiles, utensilios domésticos, juegos, etc. Solo los más valerosos tenían acceso a él. Para penetrar en el Valhalla había que empezar por cruzar un río de aguas encrespadas. y dado que los guerreros valientes eran muy numerosos, se habían previsto quinientas cuarenta puertas de entrada, que permitían que novecientos sesenta guerreros entrasen en el Valhalla caminando de frente. Una combinación de escudos formaba el techo, los muros estaban hechos de lanzas alineadas, y espadas flameantes proporcionaban la luz. Entre los guerreros se celebraban combates interminables, y las valkirias , verdaderas anfitrionas, vertían sin parar hidromiel en los cuernos para que bebiesen los sedientos. A diario se degollaba el cerdo o jabalí Sarimmer. Los vikingos se delectaban con su carne asada, y Sarimmer resucitaba cada día.

La mitología nórdica es de origen germano. Los pueblos paganos, escandinavos, germánicos y anglosajones tuvieron los mismos dioses principales. Unos y otros practicaron el culto a Tyr (Tiwad para los germanos, Tiw para los anglosajones), dios de la guerra; a Thor (Thonar para los germanos y Thunor para los anglosajones), dios del trueno; a Odín (Wodan o Wotam para los germanos y Woden para los anglosajones), dios de la guerra; y a Frigg (Frija para los germanos), diosa del amor. Los nombres de esos dioses se perpetuaron gracias al calendario inglés. Tyr se convirtió en *tuesday* (martes), Odín (Woden en inglés antiguo) en *wednesday* (miércoles), Thor en *thursday* (jueves), y Frigg en *friday* (viernes).

El parentesco entre el Thor nórdico, el Júpiter romano y el Zeus griego es manifiesto. La misma comparación puede hacerse entre Odín , Mercurio y Hermes.

La vaca Audum, que pare a Buri, recuerda a la vaca Hathor de los egipcios. Lo mismo ocurre con el gigante Ymer, muerto por Odín y sus hermanos para construir el mundo con sus restos, que se asemeja al titán Cronos, a quien Zeus precipitó en el Tártaro.

Los dioses guerreros de los nórdicos están muy lejos del Dios de los cristianos. Sin embargo , se observan ciertas semejanzas entre ambas religiones al nivel de las creencias. Lo mismo que los cristianos, los pueblos nórdicos creían en un Más Allá. También se encuentran las nociones de un juicio final, un paraíso (el Valhalla) y un infierno (el Hel).

En los pueblos nórdicos la religión no era coactiva. Por razones de tradición, se contentaban con profesar un culto a ciertos dioses. La práctica de dicho culto se limitaba a libaciones o sacrificios. Los escandinavos desconfiaban mucho de los genios malévolos, y procuraban no predisponerles en su contra.

Sin la menor duda, la religión influyó sobre el comportamiento de los vikingos. La exaltación de las virtudes guerreras, la felicidad eterna prometida a los que morían bravamente en el combate contribuyeron a desarrollar su instinto belicoso y a transformarles en temibles guerreros. Careciendo de dogmas y de un dios único, no eran hostiles a las creencias de los demás. Su panteón era lo suficientemente amplio para permitir la entrada a otros dioses si su contribución parecía eficaz.

## LAS INCURSIONES: DESDE LINDISFARNE A CONSTANTINOPLA

En el año 793, los llamados vikingos noruegos atacaron el monasterio de la isla de Lindisfarne —costa de Northumbria, en los límites entre Escocia e Inglaterra—. Tras este ataque, en los años siguientes, siguieron nuevas incursiones, iniciadas probablemente a partir de las Shetland, las Oreadas, las Hébridas y la isla de Man, donde los noruegos se habían asentado hacía mucho tiempo. Tuvieron como blanco los monasterios del norte de Inglaterra, Escocia e Irlanda.

Iglesias y catedrales acumulaban toda clase de objetos de gran valor destinados al culto. En los monasterios —centros de la vida económica— los almacenes y establos siempre estaban provistos, por todo ello no es de extrañar que en sus ataques saquearan sistemáticamente todos los recintos religiosos situados en las regiones por las que pasaban, la gran mayoría de los monasterios fueron destruidos. Siempre había alguna que otra excepción, cuentan que en 854, mientras Godofredo, jefe de los normandos del Loira, remontaba el Vilaine para ir a saquear el monasterio de Redon, se abatió sobre su flota una violenta tormenta. Se describe que «los vikingos, aterrorizados, creyeron que ese monasterio gozaba de una protección celestial particular. Depositaron presentes y encendieron una multitud de velas en el interior de la iglesia».

Los irlandeses aplastaron alguna que otra banda vikinga y lograron hacer retroceder a otros. En el continente, los vikin-

Representación de un
vikingo con su hijo.

gos, que babían desembarcado en la orilla del Sena en 820, fueron puestos en fuga por la población.

Para combatirlos, se pensó en convertirlos al cristianismo,
pero en la mayoría de los casos, esas conversiones no tuvieron
el resultado esperado, y los nuevos cristianos continuaron de-
dicándose al pillaje. El trovador Benolt cuenta que para vencer
la ciudad de Luna, los vikingos pidieron una tregua alegando su
jefe estaba enfermo de gravedad y deseaba bautizarse y morir
como cristiano. Tras ser bautizado, al día siguiente los vikingos
comunicaron a los sitiados que la muerte se había llevado a su
jefe y solicitaban celebrar en su honor funerales religiosos. Entonces, abrieron las puertas de la ciudad y, una vez el séquito
fúnebre traspasó la puerta, los vikingos —encabezados por su
jefe— se entregaron al pillaje. Los que esperaban que las conversiones ejercieran una influencia positiva, salieron de dudas.

La presencia de los vikingos se había convertido en una plaga, y ya no se podía seguir soportando sus incesantes estragos. Las armas y el dinero no sirvieron para expulsarles, y las conversiones no les hicieron perder su afición al pillaje. Parecían invencibles, los impuestos que exigían empobrecían a los países. Varios soberanos pensaron en tolerarles y cederles zonas donde pudieran vivir conforme a sus costumbres. Las tentativas de concederles un estado no fueron concluyentes.

Aunque los vikingos normandos se integraron y se adaptaron rápidamente a un modo de vida muy distinto al suyo, no perdieron su valor como guerreros. En 921, el conde Roberto, hermano del rey Eudes, concedió el condado de Nantes al jefe de los normandos del Loira, Ragnold, con la esperanza de calmarles. Pero lo que se había logrado en el Sena con un Estado vikingo fue un fracaso en el Loira. La tentativa de creación de un segundo Estado vikingo falló, y los vikingos continuaron sus expediciones de saqueo.

Mientras los vikingos daneses y noruegos pasaban a sangre y fuego Europa occidental, otros vikingos, originarios de las regiones que corresponden a la Suecia actual, empezaron a infiltrarse en los territorios eslavos, remontando los ríos, a comienzos del siglo IX. Las poblaciones locales les llamaban los rus.

Lentamente, establecieron un vínculo comercial entre el mar Báltico y el mar Negro, llegando hasta Constantinopla que, gracias a su situación geográfica, se había convertido en una importante encrucijada comercial entre Asia y Europa.

Los rus acudían allí a vender los cueros, las pieles, la cera y la miel que se procuraban en Rusia, y también los esclavos capturados en Europa central. Volvían de Constantinopla con las monedas y las mercancías recibidas a cambio de lo que ellos ofrecían: especias, artículos de cuero, piezas de orfebrería, sedas, etc.

Las importantes cantidades de monedas árabes y bizantinas encontradas en Rusia y en Escandinavia demuestran que tales intercambios comerciales fueron muy importantes, y que buena parte de las mercancías procedentes de Bizancio cruzaban el continente ruso hasta el mar Báltico. Hacia 862, los vikingos se apoderaron de Kiev. Construyeron almacenes para albergar los productos procedentes de Escandinavia y los que se procuraban mediante el trueque, el pillaje o los tributos recaudados entre las poblaciones que les rodeaban.

Una vez que alcanzaron el mar Negro bajando por el curso del Dniéper, las miradas de los vikingos se volvieron hacia Constantinopla, cuya reputación de tierra próspera conocían, pero siempre habían sido rechazados.

Los vikingos asentados en Rusia se dedicaron a actividades comerciales, mucho más rentables, que consistían en procurarse por la fuerza riquezas que iban a vender después en los mercados escandinavos o bizantinos.

En 911, Bizancio firmó con los rus un acuerdo por el que les reconocía el derecho a ejercer sus actividades comerciales en Constantinopla. Pero se limitaba su actividad comercial, así que intentaron otra vez conseguir sus deseos guerreando. Volvieron a fracasar. Quemaron muchas iglesias, monasterios y pueblos, se apoderaron de un gran botín y dieron muestras, según se dice, de una crueldad como nunca se había visto en Occidente.

En 945, Bizancio y los rus firmaron un tratado de paz. Los rus se comprometieron a regresar todos los años a Rusia cuando llegase el otoño.

El mismo año, entablaron relaciones más pacíficas con Bizancio que culminaron en 957, cuando Constantinopla recibió a Olga —primera santa de Rusia y abuela de Vladimir, soberano de Novgorod, y Jaropolk, soberano de Kiev— con gran júbilo. Vladimir, bautizado en 987 —siguiendo los pasos de su abuela—, tuvo un final tan edificante que tras su muerte también pasó a formar parte de los santos venerados por la Iglesia.

Lo mismo que Bizancio, Bagdad era otro emporio comercial que, debido a sus riquezas, atraía a los mercaderes saqueadores rus. Su situación en la encrucijada de las rutas entre Extremo Oriente y Europa oriental lo convertían en lugar de reunión de los mercaderes musulmanes y los de India y China. Las mercancías intercambiadas en Bagdad se dirigían hacia los países musulmanes o el imperio bizantino.

Después de los vikingos comerciantes, que soñaban con apoderarse de Constantinopla, vino el tiempo de los vikingos mercenarios al servicio de los emperadores bizantinos, es decir, el tiempo de los varegos atraídos por la posibilidad de apoderarse de un botín considerable participando en las guerras conducidas por Bizancio.

La presencia de los vikingos en la Rusia actual puede ser considerada como una realidad. En Suecia, un centenar de piedras rúnicas mencionan la muerte de varegos en los países del Este. En las orillas del lago Ladoga , en la URSS, se ha descubierto cierto número de sepulturas. Algunas de ellas encerraban los restos de mujeres y joyas escandinavas. En Gnezdovo, a orillas del Dniéper, cerca de Smolensko, las excavaciones permitieron desenterrar los vestigios de una colonia rus fortificada y alrededor de tres mil tumbas. En algunas de ellas se han encontrado joyas cuyo origen escandinavo no se puede poner en duda.

Después de haber impuesto su autoridad a los eslavos, los escandinavos se integraron progresivamente en la población indígena entre 911 y 945. Entre los cincuenta rus que, en representación de Igor, pusieron su firma al pie del nuevo acuerdo firmado en 945, ya no aparecen nombres de origen nórdico.

No cabe duda de que los vikingos están en el origen de la primera dinastía rusa, pero resulta difícil, a falta de fuentes dignas de crédito, apreciar la importancia del papel que representaron en la fundación de la nación rusa. Eran demasiado realistas para haber acariciado jamás el proyecto de conquistar Rusia o el imperio bizantino. Su objetivo consistía en enriquecerse comerciando en su territorio y, para que Bizancio aceptase comerciar con ellos tenian que imponerse por la fuerza.

## ¿UNA RELIGIOSIDAD INTERESADA?

El día en que los francos decidieron conceder exclusivamente a los cristianos el privilegio de comerciar en el interior del imperio. Se asistió a un aumento tan rápido de las solicitudes de camisas bautismales que la industria no fue capaz de satisfacer la demanda.

No era fácil convencer a los vikingos de que , para entrar en el paraíso, tenían que amar al prójimo como a sí mismos, y comportarse como hermanos con aquellos a los que sentían tanto placer en saquear y matar. El asunto quedaba demasiado lejos del Valhalla ... La adopción del cristianismo suponía un cambio completo de las mentalidades, que no se efectuó de la noche a la mañana. Durante mucho tiempo, la nueva creencia coexistió con las antiguas tradiciones.

Hubo muchos vikingos de «fe mestiza», que se comportaban como cristianos en la vida cotidiana, pero continuaban haciendo sacrificios a sus dioses en las situaciones peligrosas.

Helgi, uno de los primeros colonos de Islandia, afirmaba que creía en Jesucristo, pero confesaba que, antes de partir para un viaje, era a Thor a quien invocaba.

La piedra de JeIJing, que data de finales del siglo x, es una prueba de la coexistencia de la religión cristiana con las antiguas tradiciones. En una de las caras figura una efigie de Cristo en la cruz; en la otra, se ve un combate de monstruos.

La enseñanza de las nuevas nociones acerca del Bien, el Mal y el Más Allá produjo una modificación paulatina de las conciencias, y por fin los esfuerzos desplegados por los misioneros empezaron a dar fruto.

Desde entonces, los saqueadores que habían matado a tantos cristianos inocentes pasaron a ser un elemento muy activo de la Iglesia, y algunos de ellos accedieron a la santidad, ya que Escandinavia necesitaba santos para reforzar el poder de su joven Iglesia. ¿Se podía imaginar mejor santo que un vikingo de sangre real? Se encontró en la persona de Olav Haraldsson,

Olav Haraldsson, Olav II, es el santo patrono de Noruega y uno de los pocos santos de origen noruego con culto en la iglesia católica.
En la imagen, Olav II navegando entre trolls. Pintura sobre piedra en la Iglesia de Dingtuna, Suecia.

quien, antes de reinar sobre Noruega y dedicarse activamente a consolidar la fe cristiana escandinava, había participado en expediciones de pillaje contra Inglaterra.

La cristianización de los pueblos escandinavos contribuyó a acelerar el ocaso de la era vikinga. El espíritu cristiano, al penetrar poco a poco en la mentalidad de esos pueblos guerreros, atenuó su comportamiento anterior, violento y cruel.

## LAS FUENTES

La mayoría de los poemas de la mitología germánica probablemente vieron la luz entre 2500 y 500 a. C., y fueron transmitidos por tradición oral de una generación a otra. *El Anillo de los nibelungos* del compositor alemán Richard Wagner (1869-1876), puso en escena la leyenda de los Volsung, Sigmund y Siegfried (Sigurd en la poesía escandinava escáldica), ha contribuido con creces a dar a conocer a los dioses y héroes de los germanos.

Las principales fuentes escritas son las Eddas (el nombre significa clan, familia, origen... y derivaría del verbo latino significando «componer»). La más antigua, la Edda poética, es una compilación de poemas en verso recogidos en Islandia entre los años 1050 y 1133 que trata en parte sobre la teogonía germánica e incluye el «Voluspa», un texto de carácter poético atribuido a Vala o «vidente». La otra parte relata la gesta de héroes

Página frontal de la Edda prosaica en un manuscrito islandés del siglo XVIII. Muestra a Odín, Heimdall, Sleipnir y otras figuras de la mitología nórdica.

tales como Sigurd el Volsung, los Niflungar y Völund. Estos textos fueron escritos en una parte del mundo en la que la cristianización fue tardía: Islandia.

La segunda Edda, redactada bajo la forma de diálogos, es un relato en prosa compuesto a partir de la Edda poética por el islandés Snorri Sturluson, poeta y diplomático fallecido en 1243. Marcado por la influencia cretense, la Edda de Snorri (o Edda en prosa) dibuja un retrato tan completo como posible de la mitología nórdica en su primera parte, la «Gylfaginning» (Mistificación de Gylfi). Una segunda parte, la «Skaldskaparmal» (Dichos y refranes sobre la poesía, en antiguo nórdico), aportando relatos míticos, contiene también poemas escáldicos (los escaldos son bardos escandinavos que aplican un tipo de versificación particular) y una tercera parte, el «Háttatal», verdadero «Arte poético», tratado técnico de poesía escáldica, nos ofrece algunas explicaciones sobre los kennings tradicionales, metáforas poéticas utilizadas por los escaldos con soltura. De este modo, en los poemas escáldicos, la espada es «la cebolla (el remedio) de la guerra», los «cabellos de Sif» designan el oro, la «montaña del halcón» el brazo (sobre el cual los halconeros llevan al pájaro) y el «dios ahorcado» no es otro que Odín, quien se suspendió durante nueve días en las ramas del árbol cósmico para adquirir Conocimiento. Esta reescritura en prosa de diversos relatos concernientes a los dioses nórdicos, dando coherencia al conjunto de narraciones mitológicas, debió de servir también de tema compositivo poético para los escaldos.

Algunas piedras rúnicas (las runas constituyen una antigua forma de escritura adivinatoria escandinava), como la piedra de Rök, completan e incluso ilustran algunos elementos de la mitología nórdica; gravados en la piedra nos muestran a Odín y su caballo Sleipnir, a Odín devorado por Fernir, al navío de Odín transportando guerreros o incluso a Hyrrokkin cabalgando hacia los funerales de Baldur.

Ciertas leyendas han sobrevivido a través del folclore escandinavo, y a veces con el apoyo de otros relatos escritos u orales provinientes de otras historias germánicas que fueron recogidas en el campo por los folcloristas del siglo XIX. Por otro lado, en Escandinavia, centenares de lugares llevan nombre de dioses, gigantes o héroes germánicos. Un ejemplo lo encontramos en la ciudad danesa de Odensee, donde encontramos el nombre de Odín, o la ciudad sueca de Torshälla, la de Thor.

Ciertos días de la semana, tanto en inglés como en sueco o alemán, toman su nombre del de los dioses, así martes Tuesday, tisdag, o Dienstag es «el día de Tyr»; jueves, thursday, torstag o Donnerstag, «el día de Thor»; y viernes, friday, fretag o Freitag, «el día de Frigg».

## Crónicas y anales

Para estudiar la época vikinga disponemos de anales, crónicas, capitulares, relación de milagros y otras obras diversas, en verso o en prosa. Los autores de los anales y las crónicas eran eclesiásticos de los países asaltados, y se contaban entre las víctimas. Por lo tanto, sus escritos han de ser aceptados con una cierta prudencia. Es de temer que su indignación frente a los saqueadores paganos a veces les condujese a exagerar los hechos.

Presentan el interés de haber sido redactados por monjes que fueron contemporáneos de los hechos que relatan. En la medida en que es posible cotejarlos con otros textos, la relación de los hechos parece en general exacta. Sin embargo, se observan algunos errores o confusiones, debidos probablemente a que ciertas informaciones eran de segunda mano.

# NÓRDICOS Y GERMANOS

El área de extensión de la mitología de los pueblos nórdicos (germanos y escandinavos) corresponde más o menos al sur de Escandinavia y al norte de Alemania, y más tarde a las Islas Británicas. La lengua de estos pueblos en el tiempo en que fueron construidos sus mitos nos es desconocida, y por ello solo podemos reconstruir sus creencias a partir de elementos extraídos de diferentes ramas léxicas del grupo germánico.

Se trata de un mosaico de pueblos, de origen étnico y lingüístico común, pero nada unificados política o culturalmente. La designación «germanos» es de origen ajeno (especialmente de *La Guerra de las Galias,* de Julio César).

Mediante migraciones sucesivas (s. III a. C. - s. X d. C.) acabaron poblando y ocupando una gran parte de Europa, sustituyendo a las poblaciones autóctonas y recibiendo alguna influencia, siendo progresivamente romanizados y cristianizados al término de su encuentro con el mundo mediterráneo.

Los germanos nórdicos o escandinavos Al principio, poblaron Escandinavia (Suecia, Noruega, Dinamarca... ). En el curso de su expansión, reciben denominaciones diversas (vikingos, varegos, normandos... ) poblaron y/o «colonizaron» (ss. viii-x de nuestra era) la Rusia kievina, la Italia del sur, Inglaterra, Irlanda, Islandia, etc. Por otro lado, los germanos continentales, sin duda originarios de Escandinavia, invadieron (desde el s. III de nuestra era), poblaron y ocuparon Alemania, los Países Bajos, las islas Británicas, etc. Reciben numerosas denominaciones étnicas: godos, burgondos, teutones, cimbres, vóndolos, francos, suevos, etc.

Dicho esto, podemos interesarnos por lo que es propiamente objeto de nuestro repaso: el imaginario mitológico de estos diversos pueblos.

Las tan numerosas migraciones de los pueblos después de la caída del Imperio romano explican con toda probabilidad, las similitudes, fundadas o soñadas, suscitadas desde la Antigüedad por las analogías entre estos mitos y los de la India y los de la mitología grecorromana.

En el fondo, existe una diferencia importante entre los dos grupos de mitologías: La de los germanos no presenta el carácter maniqueísta de los mitos del Sur y la frontera entre fuerzas del bien y fuerzas del mal no siempre están bien definida. Los dioses nunca son totalmente buenos o totalmente malos, y Loki, personaje esencial de la mitología germánica, tan pronto es un aliado como un gran adversario de los dioses. En cuanto a los gigantes, enemigos tradicionales de los dioses quienes los temen y los honrran, muchas veces se convierten en sus aliados y, sin contar con sus maneras brutales y poco civilizadas, no podrían ser descritos como estrictamente malvados. El dualismo de esta mitología no es el del bien y el mal, sino más bien el del orden frente al desorden. En términos generales, los dioses representan el orden, y los monstruos, gigantes, enanos y elfos, el desorden y el caos.

A pesar de los juegos y de los jocosos banquetes que se desarrollan en el interior de los palacios de los dioses, el Walhalla, la mitología de los germanos, casi tan bien estructurada y jerarquizada como la de los griegos, tiene un carácter trágico que le es propio. Sin adoptar un esquema sistemáticamente cíclico como en la mitología de los hindúes o de los ameríndios, los pueblos del Norte imaginaron que nuestro mundo estaba destinado y volcado a una guerra cósmica, el Ragnarok, que desencadenará su fin, preveyendo, sin embargo, que después de ese catastrófico final el universo renacerá bajo la forma de un mundo más justo y más bueno. A pesar de las acciones grandiosas, los hombres y los dioses no han sabido respetar el código moral que ellos mismos dictaron, y la imperfección inherente a nuestro universo debe, lógicamente, enviarlo a su destrucción. En esta esperanza de salvación final, algunos han visto la huella de la impregnación cretense en la época en que los Eddas, los grandes textos mitológicos sobre los cuales se fundamenta nuestro conocimiento de estas leyendas, han sido redictadas en los siglos XII y XIII.

En efecto, si comparamos las mitologías nórdicas y las mitologías meridionales, todo ocurre como si el tiempo, contrariamente a lo que ocurre en la mitología griega, se hubiera detenido en la época de las luchas entre los dioses y los gigantes. En Grecia, la victoria de los dioses sobre los Titanes, los gigantes y los monstruos es definitiva, y el orden sucede al caos. Para los germanos, el mundo todavía está dominado por las fuerzas del mal, representadas por los gigantes y los monstruos. La guerra no ha terminado, solo acaba de empezar, y la batalla final, prevista y perdida de antemano, todavía está por llegar, con lo cual, el orden instaurado por los dioses es frágil y tan imperfecto que no sabrá como mantenerse. La edad de oro no podrá intervenir hasta el fin de la batalla final.

## El origen del mundo. El caos primordial

«En los tiempos en que vivía Ymir, no había arena, mar ni marea. No había tierra ni cielo / Pero sí un gran abismo abierto de par en par sin vegetación alguna.» («Voluspa», Edda poética).

Al principio solo había el vacío, un vacío llamado Ginnungagap, que significa abismo abierto de par en par, el abismo inmenso de los orígenes, portador de posibilidades mágicas. Este vacío primordial no deja de recordarnos al Caos de mitologías indoeuropeas, aunque la diferencia climática imprime su marca desde el origen.

## El fuego y el hielo

Al norte de este abismo estaba Niflheim, la región del frío, el hielo y las tinieblas, y al sur Muspelheim, la región del fuego y de la luz, vigilado por el gigante de fuego Surt, quien tomará partido al final del mundo, blandiendo su espada flameante para combatir a los dioses y destruir el mundo con el fuego. Nada indica si estas dos regiones existieron simultáneamente a Ginnungagap (el gran abismo abierto de par en par) o si se formaron después.

En el abismo corrían once ríos envenenados que provenían de Niflheim, bajo el nombre genérico de Elivagar (Svol, Gunnthra, Fiorm, Fimbulthul, Slidr, Hrid, Sylg, Ylg, Vid, Leiptr y Gioll), los cuales nacían del interior de la montaña Hvergelmir. El veneno que contenían en sus aguas se condensó y formó un hielo espeso del que se acumularon sucesivas capas y se estancaron en Ginnungagap. Por otro lado, la parte sur del abismo, estaba constantemente azotada por el aire abrasador, las chispas y la materias fundida que provenía de Muspellheim. Bajo el efecto de esta escoria abrasadora, el hielo empezó a fundirse y con esta especie de «primavera» de los orígenes nacieron el gigante primordial Ymir y la vaca Audumla, símbolo, como en la mayoría de mitologías, de fecundidad. Ymir, tan pronto como nació, se alimentó de los cuatro ríos de leche que salían de sus pechos. Mientras dormía, de las gotas de sudor que se formaron bajo sus axilas, nacieron un macho y una hembra, una pareja de gigantes, mientras que otro gigante nacía de sus pies juntos.

### Dos razas antagonistas

Mientras Ymir procreaba, Audumla estaba ocupada en cubrir los acantilados de sal y escarcha. De las gotas que corrían a lo largo del hielo se iba formando progresivamente un ser, Buri, quien, como Ymir, era capaz de reproducirse por sí mismo. Este tuvo un hijo, Bor. Emparejándose con él, Bestla, una hija de Ymir, dio a luz a los tres primeros dioses: Odín (divinidad del

Odín, Vili y Ve, hijos de Bor, matando al gigante Ymir.

Aire), Vili (divinidad de la luz) y Ve (dios del fuego). Desde entonces, existen dos razas: la de los dioses y la de los gigantes, criaturas terroríficas de hielo y escarcha.

**La muerte del gigante cósmico.** No sabemos por qué razón, los jóvenes dioses, empezando el inicio de las hostilidades, decidieron matar a Ymir. Un río de sangre salió del cuerpo del gigante primordial y ahogó a todos los gigantes recién nacidos. Sin embargo, de tal inundación logró escapar uno de los hijos de Ymir, Begelmir, con su esposa, permitiendo que la raza de los gigantes volviera a renacer y se multiplicase.

Una vez perpetrada esta primera muerte, Odín Vili y Ve emprenden su obra de creación. Trasladaron el cuerpo de Ymir hasta más allá del Ginnungagap y utilizaron las diferentes partes de su cuerpo para modelar el mundo: de su sangre, hicieron el océano, que acabó de cubrir el abismo, de su carne, formaron la tierra, de sus huesos, las montañas, de sus dientes, las piedras y los acantilados y al fin, de su cráneo, la cúpula de los cielos, sostenida para siempre por cuatro enanos llamados Oriente, Occidente, Norte y Sur. De las cejas de Ymir, los dioses hicieron la muralla envolviendo el dominio de los dioses y de los hombres para protegerlos de los ataques de los gigantes. A esta tierra se la llamó Midgard, la «Tierra del medio», a mitad de camino entre Niflheim y Muspellheim.

Hasta aquí, algunas chispas que provenían de Muspellheim no cesaban de crepitar en el cielo. El sol y la luna erraban sin saber dónde posarse. Cuando la cúpula celeste fue formada, interponiéndose entre el sol y la tierra, los dioses decidieron que fijarían estas chispas en ella, y se transformaron en las estrellas, y también en la luna y el sol.

Para completar la Creación, de las larvas que carcomían el cadaver de Ymir nació otra raza, los gnomos, que vivían en las cavernas subterráneas, y se convertirían, según los deseos y bajo la dirección de los dioses, en los especialistas de los trabajos del metal. Aun a pesar de sus diferencias anatómicas y simbólicas, gigantes y gnomos están íntimamente asociados a la magia y a la posesión de saberes secretos. Rágis Boyer subralla el hecho de que ellos no pertenecen en absoluto a las «fuerzas del mal»: «Antes de su degradación provocada por la Iglesia y su relegación al folclore, eran fuerzas benéficas, sabias, hábiles técnicamente y en particular, depositarias de los secretos de la poesía y las runas, rasgos todos ellos que Odín heredará de ellos. Sobre todo, y debemos tomarlo en consideración, son éticamente «neutros», es decir, que realizan un justo equilibrio entre orden y desorden, dos nociones que parecen capitales y que se intuyen en la mentalidad germano-nórdica».

**Entre dioses y gigantes, los hombres.** Un día, supervisando el término de su obra, los tres primeros dioses, Odín, Vili y Ve, cayeron encima de dos trozos de madera. Uno era el tronco de un fresno, y el otro el de un aliso, de los cuales los dioses crearon al primer hombre y a la primera mujer. Pero estas criaturas permanecían frías e inhertes, entonces Odín se inclinó sobre ellas y les insufló la vida y les proporcionó un alma. Vili se aproximó a su tiempo y les proporcionó la razón y la libertad de movimiento. Por último, Ve les proporcionó la palabra, el sentido del oído y una apariencia humana. Al hombre lo llamaron Ask y a la mujer Embla. Algunos investigadores han visto en la elección de esas dos maderas, una dura y otra tierna, una aproximación a la utilización de la técnica primitiva de producir fuego frotando un tronco de madera dura sobre un trozo de madera tierna. La raza de los hombres está destinada a habitar Midgard, la «tierra media» rodeada por el océano en el que vive una inmensa serpiente que circunda la región con sus anillos.

## EL ORDEN DEL MUNDO

«Su primer trabajo consistió en edificar una gran sala provista de doce estancias y de un trono para el Padre todo poderoso. Esta sala es la más grande y la más magnífica del mundo, resplandeciente de oro en todo su perímetro, tanto en el interior como en el exterior.» (Edda en prosa).

Una representación de cómo Odín, Vili y Vé crearon el mundo. Ilustración de Lorenz Frølich.

## Un palacio digno de los dioses

Los dioses se enzarzaron en la construcción de su dominio, el Asgard o «ciudadela de los Ases» tomando el nombre del conjunto de dioses que lo habita. En el centro de la ciudadela se erige el templo de Gladsheim el mismo que preside el vestíbulo del Walhalla donde son acogidos los héroes muertos en combate, escortados por las Valquirias. Esta sala se abre por 540 puertas, por cada una de las cuales pueden passar 800 guerreros de frente. La carpintería de esta inmensa sala que resplandece de oro está hecha de lanzas y el techo de escudos. Aquí es donde reina Odín, el rei de los dioses.

La construcción de este palacio maravilloso pone en escena a una de las primeras disputas entre gigantes y dioses. Aconteció que ninguno de los dioses sabía cómo hacer para alzar una ciudadela. Un gigante, Hrimthurs, les ofreció sus servicios para construir una enorme fortaleza, pidiendo a modo de pago el sol, la luna y Freyja, la diosa del Amor. Los dioses dudaron, sin saber qué decisión tomar, cuando el astuto Loki, dios del fuego y maestro en embaucamientos, les propuso un plan: si el gigante acababa en menos de tres semestres, solo trabajando por las noches, algo que parecía irrealizable, recibiría el pago exigido. Si no levantaba la fortaleza dentro del plazo previsto, no obtendría nada de nada. El gigante aceptó, pues contaba en su poder con un caballo mágico, Svaldifoeri, que transportaría montañas de piedra para él a la velocidad de un rayo. Tres días antes de la expiración del plazo acordado, el trabajo estaba casi acabado. Los dioses, de alguna manera, empezaron a reprocharle a Loki el mal negocio que les había propuesto, pero este, que nunca se quedaba corto a la hora de tramar alguna treta, tuvo una idea para distraer a Svaldofoeri de su cometido: se transformó en yegüa y fue perseguido por el caballo durante tres días, manteniéndolo así lejos de la cantera. Cuando llegó la hora, la fortaleza no estaba terminada. El gigante, furioso, entró en un arrebato de locura y el dios Thor lo abatió con su martillo.

Yggdrasil (o Yggdrasill) es un fresno perenne: el árbol de la vida, o fresno del universo, en la mitología nórdica. Sus raíces y ramas mantienen unidos los diferentes mundos: Asgard, Midgard, Helheim, Niflheim, Muspellheim, Svartalfheim, Alfheim, Vanaheim y Jötunheim.

Asgard está conectado a Midgard, la región de los mortales, por el espléndido puente Bifröst (el arco iris), custodiado por el dios Heimdall, que vigila las acciones del mundo y sobre todo la de los Hrimthursar (los descendientes de Ymir) y la de los gigantes de las montañas, de los que los dioses temen permanentemente su asalto. Dicen que Heimdall es sensible a todo lo que pasa sobre la tierra hasta el punto de escuchar como nace la hierba. No duerme jamás y posee un corazón, Gjallarhorn, que anunciará la batalla que precederá el fin del mundo, el Ragnarok.

## Yggdrasil y los nueve mundos

Llegamos ahora a la particularidad de la mitología germánica en relación con las raíces indoeuropeas: el universo de los germánicos tiene como estructura a un árbol maravilloso, el fresno Yggdrasil, cuyas ramas cubren el mundo entero y se alzan hasta el cielo. A su alrededor se ubican los nueve mundos. Este culto del eje vertical, puede que en un principio emparentado a la concepción de las tiendas nómadas que reposan sobre un único pilar, se encuentra en la veneración de los Irmensul, troncos de árboles gigantescos que los germánicos plantaban en la cima de las colinas, símbolo de la estabilidad del mundo, renaciente sin cesar y sin cesar amenazado. En 772, Carlomagno mandará abatir uno de estos árboles sagrados en Westphalia en el transcurso de sus campañas contra los sajones, quienes, según Eginhart su biógrafo, «se entregaban al culto de los demonios».

Yggdrasil está habitado por numerosos animales y siempre está verde aunque los animeles no cesen de roer su follaje y sus raíces —que lo mantienen con vida—, de las que encontramos la descripción en el Edda de Snorri: «este fresno es el más grande y el más bello de los árboles. [...] Sus tres raíces están separadas las unas de las otras. Una llega hasta la región de los Ases, y otra hasta a la de los gigantes de hielo, el lugar donde antaño fuera Ginnungagap, y la tercera se mantiene por encima de Niflheim, y bajo esta raíz, roída constantemente por Nidhogg, se encuentra la fuente Hvergelmir. Bajo la raíz que se alarga hasta la región de los gigantes de hielo se encuentra el aljibe de Mimir, un As(e) muerto por los Vanes [...] y del que Odín embalsamó la cabeza para conservarla, donde se esconden la sabiduría y el conocimiento. Mimir, señor de esta fuente, es sabio por beber a diario de dicha fuente.»

Para poder beber de sus aguas, Odín deberá sacrificar uno de sus ojos, que Mimir guarda como prenda. Desde entonces, el rey de los dioses será tuerto, característica que contribuirá a su aspecto inquietante.

Bajo la raíz que se extiende sobre Asgard se encuentra Urd, la fuente de la juventud custodiada por tres Nornas, tres hermanas Urd, Verdande y Skuld (quienes representan respectivamente el pasado, el presente y el futuro), que han establecido su morada en torno a la fuente. Estas poderosas Nornas hacen girar las runas del destino para los dioses y para los hombres, y sus decretos son —al igual que los de las Parcas de la mitología griega— irrevocables. Las Nornas rocían la raíz de Yggdrasil sin cesar para mantenerlo con vida, mientras que sus hojas son bañadas por el rocío celeste, parecido a la hidromiel. Allí se encuentra el tribunal de los dioses, allí se dirigen a caballo cada día, franqueando el puente Bifröst.

Sobre las ramas más altas de Yggdrasil, un águila que porta en su cabeza a un halcón, supervisa todo lo que sucede en el mundo a fin de alertar a los dioses en caso de ataque de los gigantes. La ardilla Ratatosker sube y baja sin fin el largo de las ramas hasta Nidhogg, la inmensa serpiente enroscada al pie de Yggdrasil. Es la encargada de transmitir los insultos que se intercambian la serpiente enroscada al pie del árbol y el águila posada en su cima. Cuatro ciervos devoran sin descanso los brotes y la corteza del árbol. Cuando los Ases celebran su asamblea bajo el fresno, perciben las sacudidas que transmite la serpiente Nidhogg, representando a las fuerzas del mal, que roe sus raíces y se nutre de cadáveres.

Sobre las ramas de Yggdrasil tuvo lugar uno de los episodios más sorprendentes de la mitología germánica, contado en el «Havamal», uno de los poemas del Edda poético. Para adquirir conocimiento, Odín pasó varias noches suspendido de sus ramas: «A este árbol sacudido por el viento, herido por mi propia lanza, yo estuve nueve noches suspendido. Nadie me dio de comer. Nadie me dio de beber. Miré el abismo bajo mis pies y de repente vi las runas. Las cogí y, gimoteando de dolor, caí al suelo.» Rejuvenecido y revigorizado por la experiencia y por la posesión de las runas mágicas, Odín pudo reinar con sabiduría a partir de entonces: «empecé a ver los frutos, y a saber muchas cosas, a crecer y prosperar. Descubrí palabra tras palabra, descubrí hecho tras hecho.»

Los nueve mundos que sostiene Yggdrasil se extienden sobre tres niveles que engloban cada uno tres grandes dominios. En el nivel más alto se encuentra Asgard donde se levanta el

Walhalla, el reino de los Aesir, dioses guerreros, después viene Vanheim, reino de los Vanir, dioses de la fertilidad, y Aflheim, reino de los elfos de luz. En el nivel central se encuentran sucesivamente Midgard, el reino de los hombres rodeado por una muralla defensiva, Jötulheim, región de los gigantes de hielo, donde se erige su fortaleza Utgard, y Svartalfheim, el reino de los gnomos o elfos oscuros. Y al final, en el nivel inferior, se encuentran Niflheim, el mundo del hielo y las neblinas, Muspelheim, el mundo del fuego, custodiado por el gigante Surt, y Helheim, el dominio de los muertos, con su terrible guardián, el perro Garm.

# EL PANTEÓN GERMÁNICO

Los principales dioses que habitan el Walhalla bajo el reinado de Odín son doce como los dioses griegos del Olimpo, entre los cuales destacan Frigg, esposa de Odín, diosa del Amor y del Hogar, sus hijos Thor, el trueno, Baldur, la primavera, y Heimdall, la mañana, Tyr, dios que inspira y da valor a los guerreros, el Vanir Freyr, luego están las diosas Sif, la paz y la amistad, Freyja, el Amor y la prosperidad, Idun, la eterna juventud, y el astuto Loki, quien como señor del fuego, de la metamorfosis y del engaño, representa el cambio constante de las estaciones. Los principales personajes que juegan un gran papel en la mitología germánica, a parte de los grandes dioses, son los gigantes nacidos de Ymir y los monstruos traídos al mundo por Loki, especialmente Jormungand la serpiente cósmica y también Fenrir el lobo, los cuales protagonizarán una lucha contra los dioses.

## AESIR Y VANIR

«Ella (La vidente) lo recuerda bien. Desde la primera guerra en el mundo, cuando Gullveig estaba atrapado en la punta de las lanzas. Y en la morada Har, ella fue quemada. Quemada tres veces, tres veces renacida, por sí misma, vive para siempre.» («Voluspa», Edda poética).

Rivales en primer lugar, los dos grupos de dioses, los Aesir y Vanir, deberán luchar en una guerra despiadada antes del reinado de la paz. En un principio, antes de los Vanir, estaban los Aesir, por esta razón el dominio de los dioses se llama Asgard, la tierra de los Aesir.

Los tres principales dioses de los vikingos, a menudo representado en conjunto son Odín y Thor —que son dos formidables guerreros Aesir—, y Freyr el Pacífico, un Vanir. En general, los Aesir son la clase guerrera, y los Vanir la clase obrera, campesinos o comerciantes. Los otros dioses Vanir son en efecto Freyja, diosa del amor y la prosperidad, y Njord, el dios del mar, pero también fuente de vida y fertilidad. Adam de Bremen, que describe el templo de Uppsala en 1070, describe la combinación de estos tres dioses: «En este templo, decorado con oro, hay tres estatuas de dioses a las que el pueblo rinde culto: Thor el más poderoso, sentado en medio de Wotan (Odín) a su derecha y Fricco (Freyr) a la izquierda. Su significado es el siguiente: Thor es el maestro de la atmósfera y las reglas de los truenos y relámpagos, el viento y la lluvia, el buen tiempo y la cosecha, Wotan, es decir, la rabia, lo que lleva a la guerra y provee al hombre de la bravura contra el enemigo, y el tercero es Fricco, que procura a los mortales de paz y placer y su representación está provisto de un miembro enorme».

Esta oposición entre los dos grupos de dioses ha sido interpretada de diversas maneras, y para algunos se relaciona con su origen, unos procedentes de los pueblos guerreros y otros de pueblos campesinos. Pero hoy en día, parece que la división de los dioses Aesir y Vanir corresponde más bien a ambos aspectos —compatibles a veces e irreconciliables en otras ocasiones— de la vida y de la humanidad entera.

El origen de la guerra entre los dos bandos es muy extraño. Un día los Vanir enviaron en una misión a su gran hechicera, Gullveig, con los Aesir. Entre sus muchos talentos, Gullveig tenía el de suscitar deseo por el oro y la riqueza. Los Aesir, fascinados por sus revelaciones, intentaron arrebatarle sus secretos. Al negarse, la quemaron viva. Pero Gullveig siempre renacía de sus cenizas y los Aesir le infligieron horribles torturas. Los Va-

Aunque los habitantes originales del cielo eran los Aesir, ellos no eran las únicas divinidades que las razas nórdicas veneraban, pues también reconocían el poder de los dioses del mar, del viento, de los bosques y las fuerzas de la naturaleza. Se denominan Vanir, vivían en Vanaheim y gobernaban sus dominios a su deseo. En la ilustración, guerra entre Aesir y Vanir.

nir, horrorizados, pidieron en compensación por su muerte, grandes cantidades de oro. Los Aesir, para quienes el oro tenía poco peso al lado de la fuerza militar, optaron por hacer la guerra. Fue largo y terrible, y ninguna de las dos partes resolvía en ganar, entonces los Aesir decidieron negociar la paz y el intercambio de dioses. Fue así que Freyr con su hermana Freyja, entró en el paraíso de los Aesir. Dumézil establece un paralelo entre la guerra de los alemanes y el origen de la guerra entre romanos y sabinos en los primeros días de Roma: «Ambos se componen de dos escenas en las que cada uno de los dos campos hostiles tiene la ventaja (pero un beneficio limitado y temporal dado que el conflicto termina sin victoria, y por un pacto voluntario), y la mayor parte de los beneficios están relacionados con su especialidad funcional: por un lado, los ricos y voluptuosos Vanir corrompiendo desde el interior la sociedad (las mujeres) de los Aesir enviándoles la mujer llamada «fiebre del oro», por el contrario, Odín lanza su famosa jabalina que provoca el mágico efecto de pánico. Del mismo modo, por un lado, los ricos Sabinos tienen casi la victoria, ocupan la posición clave del oponente, no por la lucha, sino con la compra de Tarpeya a precio de oro [...]; Romulus, por otro lado, con una invocación a Júpiter, obtiene del dios que la flota enemiga huya en un arranque de pánico, de repente y sin causa». (Mitos y dioses de los indoeuropeos).

## LOS GRANDES DIOSES

En sus palacios con habitaciones llenas de oro y plata, los dioses pasan su tiempo de fiesta y jugando al backgammon o a las damas, el pasatiempo favorito de los pueblos del Norte. El historiador romano Tácito, quien escribió en su *Germania* las principales características de la civilización de las tribus germánicas, evoca su amor por el juego: «En cuanto a los juegos de azar —que los practican sin estar borrachos, como una actividad seria—, se gana o se pierde con tanta indiferencia que cuando juegan en vano, se involucran en una final, último de su libertad personal. El perdedor adquiere voluntariamente el estado de esclavo. Incluso joven y fuerte, él se compromete a cumplir y se vende» (Tácito, *Germania*, XXIV). Cuando no juegan, el entretenimiento de los dioses es un festín con la carne de jabalí y las manzanas de oro de Idun, que les da la eterna juventud.

## Odín y Tyr

Odín, dios de la guerra, también domina el conocimiento y la magia. Siempre se aconseja por los dos cuervos posados sobre sus hombros: Huggin (espíritu) y Muggin (Memoria), que envía cada mañana en misión por todo el mundo y que le cuentan al oído lo que han visto en su vuelo. Muggin y Huggin le soplan las decisiones que debe tomar cuando peligra de dejarse llevar por la ira —su nombre, Odín en Escandinavia y Wotan

Manuscrito islandés del
siglo XVIII con la escena
del sacrificio de Tyr.

en alemán, se deriva de una palabra que significa «ira»—. Originalmente, era una especie de dios inquietante que impulsaba
la «caza salvaje», una tropa de fantasmas desencadenados lanzados a través del cielo en las noches de tormenta. Montado en
su caballo Sleipnir de ocho patas, con una capa oscura y un
sombrero que ocultaba su único ojo, parece más el líder de una
horda que el dios de la justicia.

Tyr, hermano de Odín, es un dios antiguo, que fue sustituido más tarde por Thor. En un pasado muy lejano, era el dios del
cielo, la guerra y la justicia, y sin duda ha disfrutado de una situación muy privilegiada, porque su nombre significa Dios y la
runa que lo representa es la del poder. Tyr, Odín y Thor forman
la trilogía ideal del verdadero guerrero. Thor es el dios de la
fuerza guerrera, Odín el dios de la astucia y la victoria, y Tyr
dios de la guerra y la honestidad en la estrategia. Él es el dios
que preside la lucha feroz. Una leyenda muestra su valor: una
profecía había informado a los dioses que el lobo Fenrir —hijo
de Loki— sería la causa de su pérdida durante el Ragnarok.

Los dioses decidieron entonces encadenarlo y fueron construyendo cadenas poderosas, pero el lobo las hacía saltar una tras otra. Entonces, pidieron a los gnomos herreros que fabricaran una cadena mágica: Gleipnir, hecha de aullidos de gato, barba de mujer, raíces de montaña, tendones de osos, la respiración de peces y la saliva de un pájaro, como una cinta de seda.

Los dioses desafiaron a Fenrir a ser atado por esta cadena. Pero Fenrir, que se sospecha algún truco, aceptó con la única condición de que uno de ellos colocara la mano en su garganta para demostrar su buena fe. Solo Tyr tuvo el coraje de aceptar. Entonces se sujetó a Fenrir quien se agitaba tanto como pudo. Pero cuanto más trataba de liberarse, más se ajustaban las lianas. Entonces todos los Aesir rompieron a reir, excepto Tyr, que había perdido una mano en el asunto. Para evitar que mordiera de nuevo, los dioses ataron a Fenrir a una roca y le atravesaron una espada por la boca. Durante el Ragnarok, Fenrir romperá Gleipnir y matará a Odín.

En Asgard reina desde entonces un dios tuerto, Odín, y un dios manco, Tyr. Georges Dumézil hizo una comparación con dos héroes semilegendarios de la historia de Roma: Horatio Cocles y Mucius Scaevola, ciego y mutilado respectivamente: «Esta concepción bipartita del estado soberano fue expresado por un doble símbolo: el personaje que triunfa a través del prestigio o la acción mágica tiene un solo ojo, es tuerto, el hombre que triunfa por un artificio legal (juramento, compromiso) pierde en una famosa empresa, su mano derecha, queda manco.» (Dumézil, *Los mitos y los dioses de los indoeuropeos*).

## Thor
Hijo de Odín, el mayor de los dioses, dirige los vientos y relámpagos. Pero como el Heracles griego, su fuerza se acompaña de una cierta torpeza que a veces lo lleva a destacar por su torpeza, y con frecuencia estará al servicio de la astucia de Loki para sacarlo de algún mal paso. De sus manos —protegidas por guantes de hierro—, Thor lanza su martillo Mjolnir (la trituradora) que vuelve por sí mismo a su mano después de haberlo lanzado. Surca el mundo en un carro tirado por dos machos ca-

bríos, mata para comer cuando le aprieta el hambre. Al día siguiente, le basta con poner a Mjollnir en la piel de las bestias para que vuelvan a la vida. Thor se distinguió en muchas batallas contra monstruos y gigantes. La más conocida es la que le opuso a la gran serpiente de Midgard —el reino de los hombres—: Jormungand, uno de los hijos de Loki, que rodea la tierra con sus anillos y con sus terribles golpes de cola causó maremotos. Thor —decidido a eliminarla— parte de pesca con el barco de un gigante, equipado con un gran cable de pesca y una cabeza de toro como cebo, y Jormungand no tarda en morder el anzuelo. Thor tira con todas sus fuerzas, la serpiente tira por su lado. El barco se balancea y los pies de Thor, que se apoyan en la parte inferior del barco, lo atraviesant reposando en el fondo del mar, pero el gigante, aterrorizado por los movimientos de la embarcación, corta el cable y Jormungand vuelve de nuevo a las profundidades. En el fin del mundo, Thor y Jormungand competirán de nuevo y por última vez en una pelea en la que ambos encontrarán la muerte.

Las cualidades complementarias de Thor y Loki aparecen en la historia del robo del martillo de Thor. Una mañana, Thor se da cuenta de que Mjollnir se ha ido. Él va a buscar a Loki, el dios de los mil recursos, que inmediatamente sospechosa de la malicia de un gigante. Loki toma el manto de plumas de Freyja y vuela hacia la tierra de los gigantes. El gigante Thrym confiesa el robo y dice que restituirá a Mjollnir a cambio de la hermosa Freyja, con quien quiere casarse. De regreso a Asgard, Loki se enfrenta a la ira de Freyja y traza un plan: se presentará él mismo con Thor, disfrazado de Freyja, en casa de Thrym.

Reproducción de una estatua de Thor del siglo X encontrada en Islandia.

La Edda cuenta cómo, durante la celebración de la boda, la supuesta novia devora montañas de carne y pescado y traga toneladas de hidromiel. Loki, disfrazado de criado, se apresura a explicar la avidez de la muchacha por el ayuno de ocho días que se ha impuesto la joven antes de su boda tan esperada. Thrym, tranquilizado, manda a buscar el martillo que debe sellar su unión y lo coloca en el regazo de la falsa Freyja. Inmediatamente, el dios toma su arma y la abate en la cabeza de Thrym y después en la de la tropa de gigantes que lo acompañan.

## Loki

«Loki es hermoso y atractivo, pero su mente es caprichosa y está en un estado de ánimo malicioso. Supera a todos los hombres en el arte del engaño y el enredo en todas las circunstancias. Él lleva los Aesir a las peores dificultades, y les ayuda a salir de ellas lidiando con su ingenio» («Gylfaginning» Edda de Snorri). El demonio del fuego original, Loki, que se encuentra en la Tetralogía del Anillo de Wagner como la casa de campo, es un hijo de los gigantes. Sin embargo, recibió la bienvenida a Asgard por Odín, que cree en su inteligencia y establece con él un pacto de amistad, tras el cual es considerado uno de los Aesir. Con la giganta Angrboda, concibió tres de los monstruos más terribles del panteón germánico: Jormungand, la serpiente de Midgard, Fenrir el lobo gigante y Hel la diosa de la muerte. Estuvo involucrado en la muerte de Balder que sin duda trajo la hostilidad de los Aesir, que lo encadenan a tres rocas mientras una serpiente deja fluir gotas de un potente veneno que corroe la carne. Sigyn, esposa de Loki, trata de proteger a su amado esposo recogiendo el veneno con una especie de cuenco, pero en cuanto lo quita para vaciarlo, las gotas llegan a Loki, causándole un sufrimiento terrible. Loki solo se liberará durante el Ragnarok. Se batirá en duelo a muerte con Heimdall, que será el último de los dioses en morir.

Loki representa la deshonestidad en la trama de muchas historias como en la de las manzanas de oro de Idun—una de las más conocidas—, que pone de relieve varios aspectos de su mal carácter y amoralidad.

Un día, Thor, Loki y Hönir estaban preparando carne para el almuerzo. Un águila volando por encima de ellos, les pidió un pedazo de carne. Loki le dio un trozo, y luego otro, pero el insaciable águila siempre quería más, así que Loki, furioso, le dio un golpe. Pero el palo quedó pegado a la parte posterior del águila que arrancó a volar con Loki detrás, que no pudo dejar el palo. Loki se dio cuenta de que el águila no era otro que el gigante Thiazi, que planteándose eliminar a uno de los dioses, amenazó a Loki de los peores tratos, si no le traía a Idun, la diosa de la juventud, guardiana de las manzanas de la eterna juventud. Loki se lo prometió y luego regresó a Asgard.

Unos días más tarde, el pícaro le dijo a Idun que ha encontrado unas manzanas aún más bellas que las suyas. Idun, incrédula, lo sigue a una zona aislada, emboscada acordada con Thiazi que se lanza sobre la diosa y la eleva en sus garras. Los dioses, preocupados por la desaparición de Idun la buscan por todas partes, y Thor les recuerda que Loki fue la última persona que fue vista con ella. Loki confiesa la verdad, y los dioses le amenazan con terribles castigos si no se asegura de que Idun sea de-

La piedra de Snaptun, tallada alrededor del año 1000, muestra a Loki con bigotes rizados y labios con cicatrices.

vuelta. Loki se convirtió en halcón y voló hacia el castillo de Thiazi, donde transformó a Idun en nuez y agarrándola con sus garras volvieron hacia Asgard. Los dioses, prevenidos, encendieron un fuego de virutas ante Asgard y cuando Thiazi —el águila que los perseguía de cerca— se acercaba quemaron sus alas y cayó al suelo, donde Thor se apresuró a terminar con ella. Cuando la hija de Thiazi vino a reclamar venganza por la muerte de su padre, los dioses le ofrecieron una compensación. Estuvo de acuerdo con una condición, que consideraba inalcanzable: que los dioses la hicieran reír. Loki entonces desplegó todas sus habilidades como payaso y la joven gigante rompió a reír, la apuesta estaba ganada.

Después de cortar el pelo de la adormecida Sif —la esposa de Thor— por una apuesta, Loki fue a la tierra de los Elfos Oscuros donde viven los enanos herreros e hizo fabricar una hermosa cabellera de oro que desde ese instante sería el más bello de los adornos de la diosa. A cambio les promete la amistad de todos los dioses. Los enanos, después de haber encendido el fuego para forjar el cabello de Sif, aprovechan para construir un barco mágico para Freyr, Skidbladnir, que una vez desmontado no ocupa más espacio que un pañuelo en el bolsillo. Sin detenerse, también fotjarán la lanza de Odín, Gungnir, que nunca pierde su objetivo.

## Baldur

Baldur, el hijo de Odín y de Frigg, el más hermoso, el más sabio y amable de todos los dioses, es más conocido por la trágica historia de su muerte. Sueños premonitorios, precursores de calamidad, le martirizaban. Su madre, preocupada, tomó juramento a todas las criaturas, árboles, plantas y todos los objetos de la creación, de que nunca dañarían a Baldur. Los Aesir, con ganas de probar el éxito del plan de Frigg empezaron a atacar a Baldur. Baldur creyéndose invencible, le encuentra diversión a los ataques, pero Loki, irritado por este éxito, preguntó con picardía a Frigg para ver si realmente eran todas las criaturas las que habían hecho el juramento de no dañar a Baldur. Ingenua, la diosa respondió que la única que no prestó juramento era el muérdago —demasiado tierno y demasiado débil para ser una amenaza—. Loki inmediatamente después de cortar una rama de muérdago, se encuentró al dios Hod, el arquero ciego y hermano gemelo de Balder, y le propuso participar en el juego de lanzar la jabalina al muérdago, tan pronto Hod inició los lanzamientos, tocó a Baldur, matando a su hermano de golpe. Los dioses lamentaron la pérdida de Balder, y mientras su cuerpo se consumía en la pira funeraria, Odín envió a su hijo Hermod ante Hel, la diosa del infierno, para pedirle el regreso de su hijo.

Hel no se negó, pero puso como condición que todas las criaturas de la tierra debían tener el mismo deseo, y si una sola de ellas se negaba, se quedaría con el dios hermoso para ella. Entonces todo el mundo se puso a llorar y a pedir el regreso de Baldur, todo el mundo, a excepción de una giganta llamada Thokk que dijo: «Thokk derramará lágrimas sin agua por el destino de Baldur. Vivo o muerto, nunca me gustó el hijo de ese payaso. ¡Que Hel mantenga lo que tiene!» («Gyifaginning» Edda de Snorri). Este gigante no es otro que Loki en uno de sus muchos disfraces. Baldur se quedó en el infierno y no volvió a aparecer hasta el final del Ragnarok, como el dios de la luz del nuevo mundo.

## LAS DIOSAS

«No hay nada demasiado especial a destacar de cada uno de ellos (las diferentes tribus germánicas), a excepción de su culto en común a Nerthus, es decir a la Madre Tierra. Ellos creen que interviene en los asuntos humanos y que está alrededor de su pueblo. En una isla del océano se encuentra un bosque santo. Conduce un carro sagrado que esconde una vela. Solo un sacerdote puede tocarla, y toma conciencia de la presencia de la diosa en el santuario, hace tirar el carro por vaquillas y la sigue con gran reverencia. Entonces llegan días de júbilo. En los lugares que la diosa considera dignos de albergarla, se hace la fiesta. No empiezan las guerras, no toman las armas. Todo el hierro está cerrado. Solo entonces se conocerá la calma de la paz, solo entonces se lo agradecemos. Esto es así hasta que el mismo sacerdote deje a la diosa en su templo satisfecha de su estancia entre los mortales». (Tácito, Germania, XL).

Además de contar esta historia de la adoración de una diosa madre —que para los escandinavos corresponde al dios del mar, el dios Vanir Njord, padre de Freyr y Freyja—, los germánicos estaban mucho menos interesados en las diosas que en los dioses, puesto que solo eran garantes de la fertilidad, la alegría y la juventud. Los cuatro personajes femeninos principales del panteón germánico son Frigg, Freya Idun y Hel. También hay un lugar especial reservado para las Valkirias, cuyo papel especial en torno a los héroes caídos fue inmortalizado por Wagner en el Anillo de los Nibelungos.

## Frigg

Esposa de Odín, es la más grande de las diosas germanas. Protectora del matrimonio y la maternidad, ella es también la diosa del amor sexual y la fertilidad. Dicen que conoce el destino de cada individuo, pero nunca lo revela. A diferencia de la esposa celosa de Zeus en la mitología griega, comete adulterio tanto como su marido, que no lo tienen en su contra. Diosa de la atmósfera, surca las nubes en su rueca adornada con piedras preciosas que por la noche forma la brillante constelación de la rueca de Frigg.

## Freyja

Diosa del amor. A diferencia de Frigg, con quien se la confunde a veces, viene de la familia de los Vanir. Hija de Njord, el dios del mar, se unió al paraíso Aesir, junto con su hermano, Freyr. Bella y sensual, es la patrona de los cultivos y la fertilidad, también de la guerra y la profecía. Su esposo Od, tempranamente desaparecido, probablemente no sea otro que Odín. Tras su muerte derramó lágrimas de oro rojo que al caer al mar se transformaban en

Freyja conduciendo su carro con gatos y flanqueada por querubines renacentistas, en una pintura de Nils Blommér.

ámbar. Freyja tiene el privilegio de acompañar a Odín al campo de batalla y de llevarse a su palacio a la mitad de los héroes caídos. Freyja conduce un carro tirado por dos gatos del tamaño de leones. La diosa más cercana a la diosa Afrodita de los griegos, también aparece como la más probable descendiente de la antigua Nerthus, la diosa madre mencionado por Tácito.

## Idun
Diosa de la eterna juventud está casada con Bragi, el dios de la poesía. Su función principal es el de vigilar celosamente las manzanas de oro que rejuvenecen a los dioses cuando sienten que envejecen. Gracias a las manzanas de Idun, conservan la fuerza de la juventud que les va hacer buena falta cuando llegue el momento del Ragnarok.

## Hel
Diosa del reino de los muertos, es la hija de Loki y la hermana de los monstruos Fenrir y Jormungand. En el momento de Ragnarok, enviará al combate un ejército de muertos liderados por Loki. En

su reino infernal, tiene por umbral la Perfidia, su lecho es la Enfermedad, por tazón, tiene la Hambruna y por cuchillo, el hambre.

Las descripciones la muestran mitad viva y mitad muerta, o mitad negra y mitad blanca. Es una deidad turbadora que no deja de tener reminiscencias de la Hécate de los griegos, con quien comparte el papel de guardiana de las encrucijadas. Odín se encarga de los guerreros caídos, Hel es la responsable del destino de aquellos que han tenido una «muerte de paja» (sin pena ni gloria), es decir, que murieron en sus camas. Ella los lleva en barca a la región de los once ríos, el Eligavar, donde uno de ellos conduce hasta la región de Gimli, el equivalente griego de los Campos Elíseos. Su nombre está en el origen de la palabra *hell*, que significa *infierno* en inglés.

## LAS VALQUIRIAS

«Ellos tienen otro cántico llamado bardit, con el que estimulan su coraje y por el que auguran el éxito que traerá consigo la Batalla. Tiemblan o hacen temblar según la manera en que la tropa ha entonado el bardit. Y este canto no parece tanto una serie de palabras que el concierto ruidoso del entusiasmo bélico. Formado por los acentos más rudos, sonidos roncos y rotos, al apretar el escudo contra la boca, para hacer eco de la voz y que suene y retumbe más fuerte».(Tácito, Germania, III).

En un mundo de guerra permanente entre los hombres, en el que el valor y el espíritu de lucha son considerados como las mayores virtudes, son las mujeres las que deciden el resultado de la batalla y el destino de los combatientes.

En el Valhalla las Valquirias ejercen la modesta función de sirvientas de Odín y de sus valerosos guerreros, que se levantan con el canto del gallo Gullinkambi antes de entregarse a la práctica de juegos de guerra en el vasto terreno en el centro de Asgard, durante el cual muchos mueren de nuevo. Al atardecer, los muertos son resucitados, milagrosamente los heridos se curan y todos se sientan alrededor de un banquete en el gran salón del palacio de

Una estatua de 1908, de Stephan Sinding, en Copenhague, que presenta la imagen activa de una valquiria.

Odín. Atendidos por las Valquirias, beben cerveza e hidromiel y se dan un festín con la carne del jabalí Srehrimnir, que también resucita cada mañana para alimentar por la noche la inmensa mesa.

Pero el papel de la más grande de las vírgenes guerreras, con casco y vestida con su brillante armadura y lanza en mano, consiste en estimular a los combatientes en los campos de batalla reales que recorre con sus corceles de fuego, invisible para todos excepto para aquellos a los que se les ha reservado el destino más glorioso: la muerte en combate. Los *einherjar* —los que mueren con las armas en la mano— que perciben a las Valquirias saben que su hora está próxima y que una vez que hayan entregado su alma, estas la conducirán al Valhalla, donde se unirá al elenco de grandes guerreros de Odín. Otros héroes permanecerán en el Folkvang —palacio de Freya, considerada la primera de las valquirias—. Freyja da la bienvenida sobre todo, dicen, a los que tomaron las armas para defender a sus familias, mientras que las Valquirias a los defensores de su país o al menos de la tribu. Pero para todos, la muerte es vista como una recompensa. Wagner inmortalizó a las Valquirias en la ópera del mismo nombre, la segunda parte de la Tetralogía, e hizo de Brunilda la más famosa de ellas.

## La guerra perpetua y la guerra final

Instalados en un mundo hostil de frío y hielo, los gigantes nunca perdonaron a los dioses la muerte original de Ymir. Furiosos por haber sido sustituidos en los primeros días del mundo, pusieron en práctica todos los recursos de su fuerza y sus poderes mágicos para lograr un retorno al caos y hundir al hombre en el mal. A partir de ese momento la guerra será el centro de todo. Odín dirigirá la batalla, y Thor, el dios gigante de roja barba, atontará a los gigantes aplastándolos con su martillo. Las victorias repetidas de los dioses sobre los gigantes de hielo representan la victoria recurrente de la primavera sobre el invierno. Pero este equilibrio militar, a diferencia del de la naturaleza, se ve amenazado y todos los beligerantes se saben condenados. El fin de los tiempos se acerca, en el fracaso y la furia de la conflagración universal que destruirá el mundo. Hombres y dioses esperan el Ragnarok, o «El destino de los poderes», que Wagner llama Crepúsculo de los dioses. De hecho, todo el mundo sabe de alguna manera que algún día los gigantes, con la ayuda de Surt, dios del fuego y guardián de Muspellheim, y del traidor Loki, terminarán por asaltar la ciudadela de Asgard. La vidente anuncia la hora de la depravación general, preludio de la gran catástrofe: «Los hermanos harán la guerra unos a otros y se convertirán en asesinos unos de otros, niños de hermanas destruirán su propia familia». (Voluspa, Edda poética). El Fresno que sostiene el mundo, Yggdrasil es sacudido hasta sus raíces. Loki, que logró romper sus cadenas, se une al elenco de monstruos y gigantes. Garm, el perro de los infiernos, lanza alaridos siniestros y llama a los muertos al combate. En cuanto al guardián de los cielos, Heimdall, hace sonar el cuerno, pero los Gigantes ya están en marcha. Fenrir, como su padre Loki, ha roto sus cadenas y se escapa. Desde el oeste, un barco se acerca las olas desencadenadas por Jormungand, la serpiente de Midgard. Desde el norte, otro barco lleva a los muertos salidos de los infiernos, con Loki en el banquillo.

Los Aesir y los héroes bajan sus armas en el gran salón del Valhalla. De repente, hordas de gigantes encabezadas por Surt —armado con su espada de fuego— cruzan el puente de Bifröst, que se incendió y se desplomó. En el campo Vigrid, que se extiende a los pies del Walhalla, empieza la batalla final. Odín se apresura con la tropa de Valquirias, listo para matar al lobo Fenrir, con su infalible lanza, pero la boca abierta del monstruo se extiende desde la tierra al cielo, y el rey de los dioses desaparece por completo en ese abismo. A su vez, el monstruo es atravesado por Vidar, hijo de Odín. Thor aplasta con su martillo la cabeza de la Gran Serpiente, pero cuando se da la vuelta para encontrar otro enemigo, cae muerto, asfixiado por el aliento venenoso del monstruo. Loki ataca a Heimdall, y los dos dioses —enemigos desde siempre— se matan mútuamente. La misma suerte espera a Tiro, que clava su espada en el corazón de Garm, pero a su vez, murió de sus heridas. Los grandes dioses están muertos y los hombres, abandonados, desaparecerán de la faz de la tierra, entregados a la rabia de los elementos. Asgard es reducido a cenizas, la tierra se hunde en el mar, el sol se apaga, las estrellas caen del cielo. y todo está cubierto por las aguas del caos y la oscuridad.

Será entonces que de este mundo ruinoso nacerá un mundo nuevo. Hijos de los dioses antiguos, los nuevos señores como Vidar y Vali gobernarán el mundo, y Baldur, el más bueno y el más sabio de los dioses, renacerá. Las fuerzas del mal serán vencidas para siempre. La justicia y la verdad reinará sobre la tierra, y los dioses y los hombres disfrutarán de la felicidad sin fin.

Sea cual sea el sentido exacto de este «apocalipsis», concuerda en varios niveles con un fondo común indoeuropeo de edades sucesivas del mundo, con una perspectiva-influencia cristiana de los tiempos escatológicos y del «último combate», pero sin duda también traduce más fielmente esta búsqueda del hombre germánico de un mundo unificado cuyo honor tranquilo sería la última victoria.

## Palacios y banquetes
### Divinos placeres domésticos
### y delicias guerreras

El Olimpo y el Valhalla, construidos encima de las nubes, disfrutan de una luz eterna. El palacio de Zeus fue construido por Héfesto, el herrero y el de Odín con la ayuda de un gigante con un caballo de poderes mágicos.

Los dioses tienen su propio palacio, pero se reúnen en el de Zeus, donde está sentado en un trono de oro. Aquí es donde los asuntos se debaten en el orden del día y donde gozan del néctar y la ambrosía, servidos por la joven y hermosa Hebe y por el bueno de Ganímedes, el copero de Zeus. Todos están ocupados según el arte que dominan: Apolo toca la lira, Hera se ocupa de su telar, mientras que las Musas y las Gracias se divierten en los jardines de palacio.

En el Valhalla, en el reino de Asgard, todos los dioses tienen también su palacio: Galdsheim, el de Odín, es la casa de la alegría; Thrudheim la de Thor, el territorio de la Fuerza, y Breidablik, la de Balder, la del esplendor. Durante el día, los guerreros caídos, transportados al Valhalla, luchan en la llanura de Asgard, donde de nuevo son heridos y mueren como en los combates terrestres. Pero por la noche resucitan, sus heridas se cierran, y hambrientos, disfrutan del festín de Odín, servidos por las Valquirias. El plato principal es un gran jabalí cuya carne se reconstituye cada mañana, acompañada con la hidromiel de la ubre de la cabra Heidrun.

# MITOS UGROFINESES

Cuatro grandes grupos, geográficamente dispersados, forman el conjunto de las poblaciones que hablan diversos dialectos del finlandés. A pesar de esta dispersión, entre la Siberia occidental, Hungría, Finlandia y las regiones del alto y medio Volga, a pesar de la vecindad con otros pueblos que influenciaron su cultura de forma importante, a pesar de la cristianización, se han podido encontrar cierto número de raíces comunes en los mitos de dichos pueblos.

## LA CREACIÓN DEL MUNDO

En las mitologías ugrofinesas, al principio, el mundo es siempre una inmensa extensión de agua, sobre la cual la tierra se solidifica por el efecto de diversas intervenciones mágicas. En el Kalevala, es la hija del aire, Luonnotar, quien se hundió en el mar, y espera así a que suceda algo, zarandeada por las olas durante setecientos años, cuando por fin apareció un águila, buscando donde posarse. Cuando vio salir del agua la rodilla de la bella durmiente, decidio poner un huevo en ella.

Pero al despertar, Luonnotar hizo un movimiento que envió el huevo al agua. La cáscara se rompio y el huevo se transforma de inmediato: la parte superior de la concha forma la cúpula celeste, donde de repente la yema del huevo da a luz al sol y la clara a la luna. La parte inferior de la cáscara se convierte en la tierra erizada de montañas, madre de todos los seres. Durante treinta años, Luonnotar esperará el nacimiento de su hijo, Vaïnämöinen, que será el responsable de instruir a los habitantes de la tierra. Esta historia de la creación es —con algunas variaciones— la misma para todos los pueblos ugrofineses, pero en general, se refieren a la tierra más que a todo el universo. En cuanto a las aves, cuya presencia es un tema recurrente en estos mitos, parece que coexisten con el creador. Samoyedo —en un mito— es un héroe responsable de liberar el sol y la luna del monstruo que los mantenía prisioneros en su vientre, después de este acto de valentía, mediante procesos mágicos todavía deberá librarse del monstruo que le persigue. El monstruo ladrón del sol a menudo es un gigante que encarna el Norte, es decir, el frío y la oscuridad.

## El Kalevala, la epopeya finlandesa

La gran epopeya finlandesa, el Kalevala (1849) de Elias Lönnrot (1802-1884), médico fascinado por las leyendas de su país, es una recopilación de cuentos que recogió entre 1828 y 1834 de los campesinos de Karelia. El libro refleja el deseo del autor en componer para su pequeño país una épica tan grande como las de la Antigüedad griega o la de sus vecino germanos. El *Kalevala*, como las *Edda* escandinavas, no se limita solo a los relatos narrativos, sino que incluye un gran número de recomendaciones para el uso de los jóvenes esposos. También hay descripciones de las antiguas tecnologías de Finlandia, como la fabricación de la cerveza y el trabajo del hierro. Cuando Tolkien (1892-1973), autor de *El Señor de los Anillos* (1954-1955) descubrió el Kalevala, fue inmediatamente cautivado por «ese pueblo extraño y sus nuevos dioses, raza de héroes escandalosos, sin hipocresía y sin intelectualidad».

Su personaje principal es el mago, bardo y profeta Väinämöinen, acompañando su canto en el *kantele*, la cítara de Finlandia. En general, evoca la lucha épica entre el Kalevala, tierra de héroes, y Pojohla, la «Tierra de la parte inferior», es decir, Laponia.

Väinämöinen ha permanecido tanto tiempo en el útero que al nacer ya es como un anciano con una larga barba blanca. Su primera tarea será limpiar la tierra y enseñar a los hombres el cultivo de la cebada y el canto. Un buen día un hombre joven, Joukahainen, lo desafió a un concurso de canto. Väinämöinen no tendrá ningún problema para conseguir ser superior y hechizar con sus canciones al descarado joven —este concurso es parecido al de rapsodas entre Apolo, Marsias y Pan—. Väinämöinen accede a liberar Joukahainen del pantano en el que se iba a ahogar, a cambio de la mano de su hermana Aïno. La joven, desesperada ante la idea de casarse con un anciano, lo repudia y se lanza al mar, donde se convierte en una sirena.

Väinämöinen entonces busca otra esposa. Por el camino, se cruza de nuevo con Joukahainen, quien por venganza, derrota a su caballo, y Väinämöinen cae al mar. Un águila llega y se lo lleva en sus garras hasta Pojohla, hacia el extremo norte, el país de su enemiga Louhi, la hechicera. La que le daría la mano de su hija, la virgen de Pohjola, si forjaba para ella el *sampo*, un «molino de la prosperidad», que garantiza la felicidad de su propietario y su gente. Väinämöinen encarga este trabajo al forjador Ilmarinen, pero, por desgracia para él, la virgen de Pohjola se enamora del herrero y se desposa.

Mientras tanto llega un aventurero, Lemminkaïnen, que murió en una batalla contra las serpientes y fue resucitado por la magia de su madre. Descontento por no haber sido invitado a la boda del herrero y la hija de Louhi —por estar siempre en disposición de conflicto—, Lemminkaïnen mata al padre de la novia, el jefe de la Tierra del Norte y debe salir rápidamente de la escena, perseguido por el mal de Louhi. Ilmarinen, el herrero, informa a Väinämöinen de la prosperidad que ha aportado el *sampo* a Pojohla y ambos deciden conquistar el preciado talismán para ofrecerlo a Kalevala, con la ayuda de Lemminkaïnen que se les unió. Por el camino, su nave llegó a un lucio gigantesco del que Väinämöinen utiliza la raspa para fabricarse un kantele —cítara finlandesa— cuyos sonidos mágicos adormecen a los guardianes del *sampo*. Sin embargo, los guardias despiertan porque Lemminkaïnen canta con voz demasiado alta, y el talismán tan codiciado se rompe en mil pedazos en la batalla que se desencadena. Afortunadamente, los restos serán suficientes para garantizar la prosperidad de Kalevala.

Väinämöinen triunfará una vez más por encima de los hechizos de la cruel Louhier y se embarcará solo en un barco que él mismo construirá, siempre con la ayuda de la magia, se alejará sobre el oleaje y desaparecerá para siempre hacia el sur. La batalla por la posesión del *sampo*, igual que la búsqueda del Anillo de los Nibelungos en la leyenda germánica, es el hilo conductor de una gran parte de la epopeya.

## MAGIA Y LOS MAGOS

Con su relato del Kalevala, el finlandés Lönnrot proporciona una visión lineal lo suficientemente completa de las creencias de los ugrofineses, no obstante, presenta muchas variaciones con los mitos de las grandes regiones. El principal elemento común a todas estos pueblos, presente en todo el Kalevala, es sin duda el papel de la magia y los magos. Es a través de los hechizos que Väinämöinen se las arregla para escapar de las trampas que sus enemigos le interponen en su camino.

El efecto mágico de la canción de Väinämöinen —similar al efecto que produce Orfeo entre los griegos—, adormeciendo y encantando a bestias, plantas y gentes, en conjunción con la naturaleza, por fin habrá traído a los hombres lo que desean siempre: la paz y una buena cosecha.

# MITOS ESLAVOS

Los eslavos, sin duda, han tenido mitos, una mitología. Desgraciadamente no sabemos gran cosa de ella. al menos por tres razones entrelazadas. La primera es que ningún documento, y ciertamente ninguna auténtica «confesión» pagana, nos ha quedado de esa época oral y que los pocos vestigios arqueológicos que tenemos son, por una parte, difíciles de interpretar y, por otra, demasiado parciales respecto a una «totalidad» que sería la única portadora de un sentido, si no completo, al menos suficientemente articulado.

La segunda razón es que los pocos testimonios con los que contamos, los más antiguos son apenas del s. VI y los más numerosos de los ss. X-XI, son o muy parciales, y por tanto poco significativos, o muy imparciales, y por tanto más reveladores de la mentalidad de los testigos que de los protagonistas, de quienes se dice que creían absurdamente en eso o hacían diabólicamente aquello.

La tercera razón es que, tras ser cristianizados, el pasado de los eslavos se volvió en cierto modo «pagano» a sus propios ojos y por tanto condenado a ser enterrado, descalificado, rechazado, degradado, aunque tuviese aspectos aprovechables. A partir de esta situación, pueden plantearse dos preguntas. ¿Por qué los eslavos no pudieron resistir a su cristianización y conservar sus antiguas creencias y prácticas rituales? ¿Por qué el cristianismo fue más poderoso que sus mitos, creencias y ritos? y como corolario a esta pregunta: el hecho de que el cristianismo eslavo «bautizase» ciertas creencias o ritos es por su parte un signo de debilidad —tuvo que amoldarse a actitudes, costumbres y creencias casi inamovibles— o, al contrario, de fuerza —la importancia y la novedad del anuncio cristiano (kerigme) era tan inconmensurable para el paganismo que se podía cristianizar sin peligro lo secundario por poco que se conservase lo principal—.

O dicho de otro modo, a partir del momento en que revelación, fe y liturgia se muestran y se imponen, lo «antiguo», el paganismo tan amenazador a veces, ya no da la talla y «se degrada» en folklore, en tradiciones decorativas y profanas cuya antigüedad merece algún respeto y favor, pero sin más.

En el fondo, los eslavos paganos se hallaron ante el cristianismo en la misma situación en la que se hallan las civilizaciones no prometeicas, dicho de otro modo, orales o arcaicas, actuales, sometidas a la aculturación occidental-cristiana. También ellas se hallan sometidas ante esa elección dinámica: acculturarse o resistir.

Qué aceptar de la cultura extranjera, de su prestigio, tentaciones y aportaciones, sin por ello perder su identidad: una cierta actitud y forma de pensar para percibir seres y cosas, estar entre personas como con uno mismo y por ello mismo ser diferente a los demás.

Ahora bien, resulta que los eslavos fueron cristianizados y parece ser que su paganismo, al morir, dejó poca cosa en la ortodoxia.

Sin duda, no llegaremos a decir que los mitos eslavos han muerto, pero si tuviésemos que compararlos con lo que son, por ejemplo, los mitos indios para los hindúes actuales o lo que queda de mitos vivientes en el cristianismo (el origen adámico y edénico, la escatología, la vida de los santos...), entonces sí, los mitos eslavos han muerto, pues la salvación, la resurrección o el origen ya no dependen de ellos, si algún día lo hizo.

## PANTEÓN ESLAVO

Para no complicamos demasiado las cosas solo nos interesaremos por los dioses eslavos orientales (rusos, ucranianos) mencionando, sin embargo, a los grandes dioses seguramente comunes a todos los eslavos. Señalemos también, de paso, que los escitas y los sármatas, ambos de origen indoiraní, influyeron, sin duda, en la mitología eslava —tal como demuestran las correlaciones etimológicas—sin que por ello las afiliaciones y articulaciones estén precisamente establecidas. Hay aquí muchas suposiciones y reconstrucciones hipotéticas. Además, los varegos (vikingos, suecos) contribuyeron al ascenso de Perunu como primero entre los dioses.

Cuando en el año 980 Vladimir el Grande pensó en instaurar o restaurar el paganismo eslavo ante el cristianismo naciente, rodeó su palacio principesco (allí donde más tarde fue erigida la iglesia de San Basilio) de seis «ídolos» de dioses que constituían el panteón nacional. Tras su «conversión» al cristianismo en el año 988, estas estatuas fueron, claro está, destruidas.

Bogatyrs. Guerreros eslavos.

No se trata de dioses menores sino de dioses clave del politeísmo eslavo, algunos de los cuales fueron recuperados en parte por el cristianismo.

Así, Perunu, dios del rayo, fue asimilado al profeta Elías, señor de los elementos. Cuando tronaba la tormenta, se solía decir: «es san Elías que rueda por el cielo con su carro». Stribog, en tanto que «viento», fue asimilado al soplo del Espíritu Santo.

Mokoch se convirtió en santa Parasceva, a cuyo icono las campesinas traían algunas primicias de su trabajo para que el sacerdote las bendijese.

En cuanto a Volos, fue asimilado a Vlas (Blas), es decir, a san Blas cuyo icono se situaba en los establos en caso de epidemia.

Los ejemplos abundan. Un último para acabar: san Juan Bautista es celebrado el 24 de junio y a menudo esta fiesta es llamada Iván-Kupalo. Ahora bien, Iván es Juan y Kupalo es uno de los «hijos» de Rod (sol) cuya fiesta tenía lugar en el solsticio de verano (21 de junio). Así, la fiesta pagana de san Juan —o de Kupalo— y la fiesta cristiana del bautizo están reunidas bajo una denominación común.

Sin duda, es cierto que Kupalo proviene del verbo *kupat's-ya*, que significa «bañarse», que el bautizo es un baño de regeneración y que el 21 de junio (en realidad el 24) el agua, bajo la acción del día solar más largo del año, tiene posibilidades de estar buena.

## DEL PAGANISMO AL CRISTIANISMO EN LA RUSIA KIEVINA

En el año 980, Vladimir el Grande, soberano único de la Rusia kievina (del Báltico al mar Negro), príncipe de origen normando (vikingo sueco, dicho de Olro modo, varego), piensa en unificar el universo religioso de los eslavos, a quienes lidera, bajo un panteón «reagenciado» de seis dioses.

Ocho años más tarde, se convierte y, al convertir a su pueblo al cristianismo, destruye los ídolos.

Entre ambas fechas, separadas por solo ocho años, se leen, por una parte, el fracaso de un intento de religión nacional pagana y, por Olra, el inicio del éxito del cristianismo como religión nacional, unificadora.

No podemos aquí interesamos por las múltiples y complejas razones, seguramente políticas ante todo, del fracaso pagano y del triunfo cristiano, ni analizar cómo la derrota de uno no es la victoria total del otro. En todo caso, los santos suceden progresivamente a los dioses, no siempre «menores», del politeísmo naturista perseguido, y el Dios Único, «tridimensional», sustituye sin demasiados problemas a la entidad suprema (Svarog-Dajbog) cuyos diversos nombres, atributos y funciones preparaban como un molde la posible emergencia de un nuevo nombre más absoluto.

En cualquier caso, si la unificación de la «Tierra rusa» requirió la intervención de los varegos, la unificación del imaginario religioso ruso tuvo lugar gracias al cristianismo recibido de Bizancio. Bastaron dos siglos para consolidar verdaderamente la nueva fe y hacer de la Pasión de Cristo y su Resurrección el emblema mismo de la santa Rusia. Y después de todo, qué le importa al fiel no poder invocar ya al antiguo dios Volos, tradicional protector del ganado, si san Vlas (Blas) puede serlo por las mismas razones y, es más, según fórmulas mágicas y de exorcismo, según gestos y sacrificios bastante próximos a las costumbres antiguas.

En cuanto a los héroes míticos, pudieron seguir habitando e inspirando el imaginario popular tanto más cuanto que fue posible añadir una lección de cristiandad a sus aventuras.

¿Debemos por ello considerar que hay una doble fe, una doble creencia, como una especie de bigamia espiritual? ¿Como si bajo lo nuevo se perpetuase lo antiguo, como si lo nuevo sucediese a lo antiguo apropiándose de su herencia?

Sin duda, a menudo es así, y tanto más cuanto que el fiel vive situaciones existenciales (materiales, económicas, políticas, «naturales») para las cuales el recurso a fuerzas o poderes intermediarios y tutelares es más «personalizado» que el mero recurso a un Dios que, no por ser personal, es menos absoluto y por tanto lejano.

Sin embargo, aunque subsistiese esa antigua forma de aprehender la relación funcional con un dios, precisamente implorado y magnificado por los atributos otorgados por el fiel, todo lo que quedaba de pagano o mitológico en el imaginario eslavo fue ordenado según eso que lo superaba infinitamente, fuese cual fuese para cada uno el modo de esa superación. En cierto modo, el culto de los santos no es, ni siempre ni necesariamente, un politeísmo disfrazado —que lo fue a veces—, sino también y sobre todo el modo cristiano de su transmutación radical.

## Los bilini o narraciones del pasado

Muchas otras divinidades «menores» impregnan el imaginario eslavo, tanto más cuanto que sigue siendo campesino y por tanto cercano a la naturaleza, sus hechizos radiantes y sus «extrañezas».

Hay, pues, una abundancia de duendes y gnomos que pueblan casas y establos, campos y bosques, lagunas y ríos. También está la Madre Tierra y la Madre Volga, madre de los ríos, etc.

Estas narraciones del pasado —estos bilini— que, además de narraciones sobre la gesta de los héroes, a veces también son relatos de iniciación cuya trama se nos escapa.

Uno de estos héroes fue Sviatogor.

### Sviatogor

Dicen que Sviatogor era tan fuerte que no solo podía levantarlo todo, sino que además llevaba su propio peso «como una pesada carga».

Su fuerza le hizo tan orgulloso que declaró poder levantar la Tierra si encontraba el lugar donde se concentraba la fuerza de esta para poder asirla.

Recorriendo la estepa, encontró una pequeña alforja. Intentó moverla, pero no se movió. Sin bajarse del caballo, intentó levantarla. No lo consiguió.

*Llevo muchos años recorriendo el mundo, Sin encontrar nunca milagro semejante: una pequeña alforja que no se mueve, no se corre, no se levanta.*

Bajó del caballo e intentó levantar la alforja; Sviatogor se hundió en el suelo sin lograr levantarla. Así, falleció por haber provocado a la Madre Tierra Húmeda.

Y en eso que intervino —¡pero con qué ironía!— la lección cristiana que transforma finalmente un mito pagano en apología cristiana: Sviatogor encontró *el lugar,* pero Dios le castigó por su orgullo.

# DICCIONARIO BÁSICO
# DE PERSONAJES

AESIR
Ver Ases.

AEGIR
Gigante del mar cuyo nombre significa «ondino». Tiene todos los rasgos de un dios marino. Sus otros nombres son Gymir y Hler, nombre que se encuentra en Hlesey, literalmente «isla de Hler», donde vive. Es hijo de Fornjotr, y Ran, la diosa del mar, es su hija o su esposa. Tiene nueve hijas que se identifican con las olas. Se llaman: Himinglaeva, Blodughalda, Hefring, Dufa, Udr, Hronn, Bylgja, Bara y Kolga.

AFANG-DU
Hijo de la diosa Keridwen o Cerriwen, para quien hace hervir un caldero de ciencia de la que bebe tres gotas el futuro bardo Taliesin.

AGUA
El papel del agua en las creencias de todos los países germánicos es tan importante como en el mundo céltico. Buen reflejo de ello se encuentra en el gran número de ríos míticos que rodean el reino de Hel y las moradas de los dioses. Las sagas nos hablan del culto rendido a ciertas cascadas, y la literatura clerical no deja de anatematizar a los paganos que hacen ofrendas a las aguas. En el siglo XIII, el obispo Gudmund Arason exorcisa, a diestro y siniestro, manantiales y fuentes. En aquellos tiempos se creía que algunos espíritus habitaban en las aguas. Tradiciones más recientes hablan del caballo de las aguas (Vatnahestur, Islandia; Kelpie, Escocia); más allá del Rhin, se conocen los ondinos y los Nixos (as); véase también Nykur.

145

## AI

Gran poeta de los Tuatha Dé Danann. Estando su madre embarazada cierta tarde esta recibió la visita de un druida y, una vez dentro, se levantó allí mismo un viento muy grande, fenómeno que hizo profetizar al adivino que el ser que aquella mujer llevaba en sus entrañas sería todo un portento.

## AIFE

Varios personajes femeninos llevan este nombre, que también se escribe Aoífe. El más conocido es el que alude a la mujer guerrera y maga que enseñó a Cû Chulainn los secretos del combate y con quien tuvo un hijo. También se llama Aoífe la segunda esposa del rey Lir, que convirtió a sus hijos en cisnes y que, como castigo, los dioses a su vez la convirtieron en bruja de los aires.

## AILILL

Esposo de la famosa reina de Connaugt, Maeve (Madb). No tiene ninguna autoridad efectiva, pues esta la detenta su esposa. Era de un carácter tan débil que en un texto "La embriaguez de los ulates" llegó incluso a ser reprendido por sus propios soldados en combate, afirmando que les estorba a lo que él replica que, aunque no combata, su presencia física si es necesaria para asegurar la victoria de su pueblo.

Continuamente engañado por su mujer, sabe que son las diosas las que conceden el cargo de Rey aceptando el matrimonio con un mortal y ofreciendo una copa de licor. La soberanía pertenece a la

Alberich.

reina, encarnación de la comunidad.

Hermano del rey Eochaid Aireainn, esposo de la hermosa Etaine y locamente enamorado de ella. El dios Mider le cura de este amor pues él mismo tuvo por esposa a Etaine antes que fuera encantada por el hada Fuamnach, transformada en insecto y tragada por una reina de Irlanda, para renacer finalmente con una nueva forma humana.

AIRMED
Hija del dios de la Medicina, Diancecht. Fue quien preparó las hierba mágica para fuente de la salud de los Tuatha Dé Danann. Su nombre significa «mesura».

ALBA
Nombre gaélico de la actual isla de Bretaña. Guarda relación con la palabra «Albión».

ALBANY
Nombre gaélico con que se nombraba el territorio primitivo de Scottus (Escocia).

ALBIÓN
Nombre de la actual isla de Bretaña según Geoffrey de Monmouth, en su "Historia Regum Britanniae". El mítico rey Brutus sería quien le cambió el nombre para que el suyo, de este modo, permanecería en la historia.

ALBERICH
Elfo al que Siegfried domina en la Canción de los Nibelungos. Custodia el tesoro de Schilbung y Nibelung —soberanos míticos

cuyos nombres remiten a las brumas y el agua—. En su poder tiene la capa de invisibilidad, la Tarnkappe.

## ALCI

Dioses gemelos de los que Tácito dice lo siguiente: «Entre los naharvales se muestra un bosque, lugar sagrado de una antigua religión. Un sacerdote vestido de mujer lo preside, pero estos dioses, según la interpretación romana, parecen ser Cástor y Pólux; tal es el carácter de su divinidad. Su nombre es Alci [...]. Se los venera como a dos hermanos, como a dos hombres jóvenes.» Se cree que este lugar sagrado está situado en Silesia, en Zobten, donde Thietmar de Merseburgo sitúa un importante santuario. El tema de los dioscuros está muy ampliamente representado en los países germánicos, desde las parejas gemelas de los petroglifos hasta las divinidades andróginas de la Edda y la pareja casi indiferenciada Freyr-Freyja. Lo que Tácito afirma del sacerdote que viste ropas femeninas hace pensar en las sacerdotisas (gydjar) que Snorri Sturluson consagra al servicio de los Vanir.

## ALFABLOT

Sacrificio a los Elfos. Otro de los nombres de Jol, la gran fiesta del solsticio de invierno, de los muertos y de la fertilidad. En esta ocasión se ofrece el gran sacrificio «por un año fecundo y por la paz», y se inmola un verraco.

## ALFHEIMR

Mundo de los Elfos. Una de las mansiones de Asgard, el mundo de los dioses. Pertenece a Freyr, que aparece así como señor de los elfos.

ALFOEDR
Padre universal. Uno de los sobrenombres de Odín.

ALFRIGG
Elfo poderoso. Uno de los gnomos que forjaron el collar de la diosa Freyja, Brisingamen.

ALSVIDR
Muy sabio. Uno de los gigantes que conocían el secreto de las runas. Siendo los primeros habitantes de la tierra, los gigantes tienen fama de poseer un inmenso conocimiento.

ALVISS
El que lo sabe todo. Enano que pide la mano de la hija de Thor; el dios pone como condición que Alviss responda a todas sus preguntas sobre los nombres de la tierra, el cielo, la luna, el sol, las nubes, el viento, el fuego, el mar, los bosques, la noche, los cereales y la cerveza. La conversación dura hasta el alba que petrifica al enano.

AMERGIN
Uno de los primeros druidas irlandeses. Llegó a Irlanda con los milesios desde Iberia. Era poeta y juez de la expedición. Fue él quien coronó a Eremon como rey supremo de Irlanda, con sede en Tara.

ANANON
Los «hijos de Ana», equivalente a los Tuatha De Danann. En la gran fiesta de Samain, el primer día de

Arawn.

noviembre, suele aparecerse a los mortales.

### ANDHRIMNIR
Expuesto al hollín. Cocinero que prepara el jabalí Saehrimnir en el caldero Eidhrimnir, el alimento de los guerreros muertos en el Walhalla.

### ANDLANGR
Muy vasto. Nombre del segundo cielo que se extiende entre el que vemos y Vidblainn.

### ANDVARI
Guardián del Aliento. Enano adoptando la forma de un lucio, en el agua de una cascada cuando Loki le captura y le obliga a entregarle el tesoro cuya custodia tiene. Andvari lo hace pero conserva un anillo. Loki lo descubre y se lo arrebata. El enano maldice entonces el tesoro que provocará la muerte de todos sus poseedores. Este tesoro acabará en manos de Sigurd (Siegfried).

### ANEURIN
Bardo galés del siglo VI cuyos poemas revelan importantes datos de la antigua civilización de los bretones en el norte de Gran Bretaña. Fue el primeo que hizo referencia al misterioso rey Arturo.

### ANGEYJA
Una de las nueve gigantescas madres del dios Heimdall.

### ANGRBODA
Provocadora de Disturbios. Giganta que engendra de Loki al lobo Fenrir, la serpiente de Midgard y a Hel, la diosa de los infiernos.

## ANKOU

Es la última persona que fallece el 31 de diciembre, que se convierte en siervo de la Muerte y es el encargado de llevarse las almas de los que han de morir, de ahí su aspecto demacrado. Porta una guadaña al revés y va en una carreta que chirría. Se dice que, aquel que lo encuentra en un camino, fallece ese año.

## ARAWN

Rey de Annwvyn. Durante una cacería se siente ultrajado por Pwyll, príncipe de Dyfed y, para lavar la afrenta, acepta intercambiar su reino durante un año con Arawn. En este tiempo cada uno volverá a su reino tras haber regido en el contrario con sabiduría y con honor, lo que hará que terminen siendo grandes amigos.

## ÁRBOLES

El culto a los árboles se encuentra en todo el Occidente medieval, pero en los países germánicos las especies que se citan con mayor frecuencia son el fresno, de cuyo tronco se creó el primer hombre, y el árbol cósmico es un fresno, el tiemblo, el sauce y el tilo, tan popular más allá del Rhin. Un fragmento del mito dice que Thor fue salvado por una rama de serbal. El espacio sagrado donde tenía lugar el duelo se hallaba delimitado por unas varitas de nochizo. El árbol más célebre es el roble de Geismar (Hesse) que derribó San Bonifacio y que, sin duda, era la representación de Irminsul, nombre del árbol cósmico en la Alemania medieval. Menos conocido, pero igualmente importante, es el tejo sagrado que se erguía

El Rey Arturo en su armadura
de guerra, estatua en bronce
del siglo XV.

junto al templo de Uppsala (Suecia), al que se hacían sacrificios. Adán de Bremen (siglo XI) habla del templo en estos términos: «Se sacrifican nueve seres de cada especie [...]. Sus cuerpos se cuelgan en un bosquecillo tan sagrado que los paganos creen que cada árbol es divino debido a la muerte y la descomposición de los seres inmolados. Allí cuelgan perros, caballos y hombres.» Un escolio más reciente añade: «El festín y los sacrificios duran nueve meses [...]. Este sacrificio se celebra en el equinoccio de primavera.»

ÁRBOL CÓSMICO
Ver Yggdrasil.

ARD-MACHA
Capital del primitivo reino del Ulster, incendiada después del año 671. También conocida por Armagh.

ARMAGH
Existió en Armagh un importante santuario druídico y san Patricio estableció allí la primera sede episcopal de Irlanda. Hoy sigue siendo la sede del arzobispado primado de todo el país.

ARNHÖFDI
Cabeza de Águila. Uno de los sobrenombres de Odín. Remite sin duda al mito del robo de la hidromiel que detenta el gigante Suttungr. Odín se apodera de él y emprende la huida en forma de águila.

ART
Hijo de Conn el de las Cien Batallas. Una concubina de su

padre le maldice y se ve obligado a navegar en búsqueda de una extraña joven llamada Delbchaen, para casarse con ella.

ARTAIOS
Otro nombre de Lug.

ARTURO, REY
Uno de los personajes más importantes de la tradición y mitología celta y su nombre, que significa «que tiene el aspecto de un oso», adquirió todas las características de una divinidad celta. Todas las leyendas referentes a este rey ejemplar están probablemente basadas en la vida de un individuo real, un guerrero, que a principios de del siglo VI dirigió a los ejércitos británicos que se consideraban poseedores de la ciudadanía romana, contra los invasores anglosa-

jones capitaneados por un tal Medraut. Fue recuperado en el siglo XII por novelistas e historiógrafos franceses auspiciados por Leonor de Aquitania y Enrique II Plantagenêt, que pretendían ser los herederos de Arturo explicando así la difusión en toda Europa de las novelas artúricas. La asociación de Arturo con el mago Merlín forma la pareja rey-druida sin la que ninguna sociedad celta podría existir. En todas sus novelas se distingue por su pasividad general, pues casi siempre son sus caballeros quienes actúan en su nombre y en el de la reina, Ginebra, que es quien detenta la Soberanía. Lo cierto es que el aspecto primero de Arturo era la de un caudillo rodeado de personajes salidos directamente de la mitología celta, a la vez guerreros

Representación de Asgard, lugar de residencia de los dioses.

(y no caballeros) y magos. Textos posteriores han ido convirtiéndolo en modelo de soberano feudal con una corte, centro de los espíritus cultivados de la época. Símbolo del poder perdido de los celtas, Arturo no está muerto si no que «duerme» en Avalon —el paraíso celta—, o en una gruta de la isla de Bretaña. Se cuenta que algún día volverá para rehacer la unidad del mundo celta en una reconstrucción social en beneficio de todos y con voz propia.

### ASA-THORR

Thor de los Ases, o el As Thor, uno de los sobrenombres del dios Thor.

### ASABRAGR

Príncipe de los Ases. Uno de los sobrenombres del dios Thor.

### ASBRU

Puente de los Aesir. Uno de los dos nombres del puente que une la tierra con el mundo de los dioses Ver Bifröst.

### ASES

También llamados Aesir. Una de las dos grandes familias del panteón germánico, estando la otra formada por los Vanes (Vanir). Los Ases incluyen a Odín y sus hijos, Thor y Baldr, así como a las siguientes divinidades: Njördr, Freyr, Tyr, Heimdall, Bragi, Vidar, Vali, Ullr, Hoenir, Forseti y Loki. También son Aesir: Frigg, Freyja, Gefjon, Idunn, Gerdr, Sigyn, Fulla, Nanna, a las que se añaden a veces Eir, Ljöfn, Lofn, Var, Vör, Syn, Hlin, Snotra y Gna. Los Ases viven en Asgard. Tienen una triple función guerrera, reinar o ejercer el sacerdocio y la de la fertilidad o fecundidad.

## ASGARD

Recinto de los Dioses. Lugar de residencia de los Ases. Allí se encuentra la gran sala llamada Valhöll, «Reducto de los guerreros caídos en combate», Walhalla en alemán. Asgard fue construido por un gigante que pidió como salario a Freyja, el sol y la luna. Por consejo de Loki, los Ases aceptaron el trato. Con la ayuda de su caballo Svadilfari, el constructor puso manos a la obra y los trabajos avanzaron con rapidez. Los dioses deliberaron para saber cómo arreglar el asunto. Obligaron a Loki a reparar el mal consejo que les había dado. Loki se transformó en una yegua en celo. El caballo del gigante se lanzó en su persecución, abandonando el trabajo. Cuando el gigante vio que no podría cumplir el plazo fijado, cayó en una violenta cólera y, aterrorizados, los Ases llamaron a Thor, que le rompió el cráneo con su martillo. La yegua tuvo un potrillo gris con ocho patas, Sleipnir, que se convirtió en el corcel de Odín.

Asgard, la morada de los dioses, está en el centro de Midgard, que rodea Utgard, la tierra de los gigantes, los demonios, las criaturas maléficas y los monstruos.

## ASKR

Fresno. Nombre del primer hombre. Los dioses Odín, Vili y Ve encontraron un día dos troncos de árbol en la orilla; crearon con ellos un hombre, Askr, y una mujer, Embla. Odín les dio la vida y el aliento, Vili el entendimiento y el

Audumla.

movimiento, Ve la vista, el oído y el lenguaje.

ATLA
Pendenciera. Una de las nueve gigantescas madres del dios Heimdall.

ATLI
Atila, rey de los hunos, llamado Etzel en alemán y Aetla en viejo-inglés. Ocupa un lugar importante en las leyendas épicas germánicas y es, sobre todo, célebre por su papel en la Canción de los Nibelungos. Se casa con Kriemhild tras la muerte de Siegfried y los burgundios son masacrados en su corte.

AUDR
Riqueza. Hijo de Nott, la noche, y de su primer marido, Naglfari.

AUDUMLA
Nombre de la vaca original, que nace al fundirse la escarcha primordial. De sus ubres corren cuatro ríos de leche. Ella alimenta a Ymir, el primer gigante. Al lamer la escarcha que cubre las piedras, hace salir de ella un ser humano, Buri, el abuelo de Odín.

AURGELMIR
Gigante que sin duda es idéntico a Ymir; es el abuelo de Vergelmir. Su nombre se formó del normánico aurr, «arcilla», lo que remite a sus orígenes.

AURVANDILL
El personaje está incluido en un mito que cuenta lo siguiente: Thor se enfrenta con el gigante Hrungnir, lo mata, pero un fragmento del arma de este último, una

maza de sílex, queda clavada en su cráneo. Al regresar a casa, el dios se encuentra con Groa, una vidente, esposa de Aurvandill. Gracias a sus encantamientos, ella desprende lentamente la piedra y Thor está tan contento que, sin aguardar a que el tratamiento finalice, quiere recompensarla dándole noticias de su esposo. Le dice pues que, al atravesar los Elivagar, a Aurvandill se le ha helado un dedo del pie y él mismo lo ha roto y lo ha arrojado al cielo, donde se ha convertido en la estrella que se llamaba «Dedo de Aurvandill». El júbilo de Groa fue tan grande que olvidó sus hechizos y la piedra permaneció clavada en el cráneo de Thor.

AUSTRI (Este)
Uno de los cuatro enanos que, en los cuatro puntos cardinales, sostienen la bóveda celeste formada por el cráneo del gigante Ymir. En la poesía escáldica, el cielo es llamado «Fardo de Austri» por esta razón.

AVALON
Isla de los manzanos donde estos dan frutos todo el año. Donde la reina Morgana, con nueve hermanas y otras tantas hadas, viven y pueden convertirse en aves. Ella puede convertirse en cuervo o en corneja. El tema conecta con el de las "galisenas" de la isla de Sein, profetisas y magas, así como la Isla de las Mujeres, Emain Ablach. En la leyenda artúrica, Avalon es donde Morgana lleva a su hermano Arturo, mortalmente herido en la batalla de Camlann, par mantenerlo en estado de dormición hasta el momento que tenga que regresar al mundo de los vivos.

BALDR (Señor)

Hijo de Odín y de Frigg. Es el mejor de los Ases y todos le alaban; se le denomina «El Bueno». Se casa con Nanna, de la que tiene un hijo, Forseti. En el cielo, mora en Breidablik. Posee una embarcación llamada Hringhorni y el anillo maravilloso Draupnir, forjado por los enanos. Baldr tuvo funestos sueños y los contó a los Ases. Estos pidieron a toda la creación gracia para Baldr. Frigg recibió el juramento de que su hijo sería respetado por el agua, el fuego, todos los metales, la tierra, la madera, las piedras, los animales y las enfermedades. Cuando estuvo hecho y ratificado, los Ases organizaron un juego: todos podían lanzar contra Baldr lo que quisieran. Aquello disgustó a Loki, que se convirtió en anciana, fue al encuentro de Frigg y le preguntó si todas las cosas habían jurado respetar a su hijo. Ella le respondió que no había exigido juramento a un brote muy joven de muérdago. Loki lo arrancó y lo entregó a Hödr, el hermano ciego de Baldr, indicándole luego en qué dirección debía lanzarlo. Hödr arrojó el muérdago contra Baldr, que fue atravesado y murió. Se le hicieron hermosos funerales: fue incinerado en su navío una vez que la giganta Hyrokky lo hubo puesto en el agua, y Thor bendijo la pira con su martillo Mjöllnir. Nanna murió de pena y fue depositada junto a su esposo. Asistieron a la ceremonia Odín y sus valquirias, Freyr y Freyja, Heimdall, los Thursos de la Escarcha y los gigantes de las montañas. Otro hijo de Odín, Hermodr, partió hacia el reino de las sombras para convencer a la diosa Hel de que permitiera a Baldr volver con los Ases, pero la misión fracasó a causa de Loki. Tras el apocalipsis, Baldr volverá junto a los hombres. La antigüedad de este dios parece acuñarse en una inscripción hallada en Utrecht, fechada en el siglo III o IV y dedicada a una divinidad llamada Baldruus.

BALEYGR
Ojo de Fuego. Uno de los sobrenombres de Odín. En Saxo Grammaticus, aparece en la forma Balwisus y se le considera hermano de un tal Bilwisus.

BARA
Ola. Una de las hijas de Aegir, el gigante del mar.

BARRI o BARREY
Lugar de encuentro entre el dios Freyr y la giganta Gerdr. Dependiendo de las tradiciones es un bosquecillo o una isla.

BELI
Nombre del gigante que se enfrenta con el dios Freyr en la batalla escatológica. Puesto que Freyr dio su espada a Gymir para obtener la mano de Herdr, combate con un cráneo de ciervo y atraviesa a Beli, que le mata.

BEOWULF
héroe epónimo de una epopeya en viejo-inglés, redactada en versos aliterados entre los siglos VII y IX. Beowulf es el sobrino de Hygelac, rey de los godos. Se dirige a Dinamarca para ayudar al rey Hrodgar, que ve su prestigiosa morada visitada por un demonio denominado Grendel que le arrebata a sus hombres uno tras otro.

Beowulf se enfrenta a Grendel en singular combate y le arranca un brazo. El monstruo huye hasta su escondite, un lago en las marismas. Entra en escena la madre de Grendel. Beowulf se ve obligado a zambullirse en el agua del lago, encuentra una gruta de cuyo muro pende una espada; se apodera de ella y mata a la monstruosa criatura. Mucho más tarde, Beowulf se entera de que un dragón asuela sus tierras. Se enfrenta con él en compañía del joven Wiglaf, le mata y se apodera del tesoro que guarda el gigantesco reptil, pero sucumbe poco después a causa de las heridas recibidas. Su cuerpo es incinerado y enterrado bajo un túmulo con el tesoro.

**BERGELMIR**
Nieto de Ymir, el gigante primordial, e hijo de Thrudgelmir. Su mujer y él sobrevivieron a la inundación provocada por el derramamiento de la sangre de Ymir, el gigante primordial, que mató a todos los gigantes. De Bergelmir descienden todos los Thursos de la Escarcha (Hrimthursar).

**BERLINGR**
Uno de los cuatro enanos que forjaron Brisingamen, el collar de la diosa Freyja.

**BESTLA**
giganta, hija de Bölthorn; se casa con Borr, hijo de Buri, del que tiene tres hijos: Odín, Vili y Ve. Su nombre significa sin duda «Corteza».

**BIFRÖST**
Vacilante Camino del Cielo.

Puente construido por los dioses entre Asgard y la tierra. En el cielo, llega a Himinbjörg, donde vela el dios Heimdall que acecha un eventual asalto de los gigantes. Esta obra se llama también Puente de los Ases (Asbru), pues los Ases pasan por allí cada día al dirigirse a la Fuente de Urdr. Snorri Sturluson describe Bifröst como el arco iris.

## BIL

Diosa enigmática en estrecha relación con la luna. Según Snorri Sturluson es una Aesir, hija de Vidfinnr. Bil es la personificación de una fase de la luna, el cuarto menguante, considerado maléfico, pues detiene el crecimiento de las cosas. Parece que aquí se transponga al campo mitológico una creencia popular. Véase Mani.

## BILSKIRNIR

Nombre de la mansión que posee Thor; está en Thrudvangr y tiene quinientas cuarenta puertas, como el Walhalla.

## BJÖRN

Oso. Un sobrenombre de Odín. Sin duda en relación con su papel de jefe de los Berserkir.

## BLAINN

Otro nombre de Ymir, el gigante primordial. Ver Cosmogonía.

## BÖLTHORN

Padre de la giganta Bestla, la madre de Odín y de sus hermanos.

## BRAGARFULL

Brindis que acompaña los juramentos solemnes. Solía hacerse en dos ocasiones, en la fiesta del solsticio de invierno, Jol, y durante la libación fúnebre. Snorri escribe el término como Bragafull, es decir: «Brindis del dios Bragi».

BRAGI
Dios de la poesía. Es un Aesir célebre por su sabiduría y su elocuencia. Se casó con Idun, la diosa guardiana de las manzanas de la juventud. Se cree que el dios no es otro que el gran escaldo Bragi Bodason el Viejo (siglo IX) divinizado, pero es más razonable admitir que ese personaje se confundió con un dios más antiguo que llevaba el mismo nombre. Los kenningar le denominan «Hijo de Odín; dios de la Barba oblicua; el primer versificador».

BREIDABLIK
Resplandeciente. Nombre de la morada de Baldr, el hijo de Odín y de Frigg.

BRIGIT
Diosa de la Poesía. Brigit o Brigantia ,es la diosa de mayor entidad entre los celtas. Hija de Dagda y hermana de Angus, su nombre significa «la poderosa». Era tan amada y popular que la Iglesia no pudo desterrarla y acabó conviertiendola en Santa Brigida de Irlanda. Asociada al sol y al fuego. Su fiesta se celebra el primero de febrero, cuando los celtas festejaban el comienzo de la primavera, Imbolc, motivo por el cual tambien se le asociaba con la fertilidad, tanto de los campos, animales y seres humanos.

BRIMIR
lugar donde los dioses hacen sus libaciones.

Pequeña estatua que
probablemente
representa a Brigit.

## BRISINGAMEN

Collar de los Brisingar. Joya forjada por los enanos Alfrigg, Dvalinn, Berlingr y Grerr. Para obtenerla, Freyja tuvo que acostarse con todos ellos. Loki lo supo y se lo dijo a Odín, que le ordenó entregarle el collar. Odín se lo dio a Freyja con la condición de que provocara un eterno combate entre dos reyes, y la diosa se doblegó.

## BROKKR

Herrero. Enano, hermano y compañero de Sindri. Ambos forjan los atributos de los dioses: Draupnir, el anillo de Baldr; Gullinborsti, el jabalí de Freyr y Mjöllnir, el martillo de Thor.

## BRUNI

Moreno. Uno de los nombres de Odín. Es también el de un enano. (En inglés estos se denominan brownies).

## BRYNHILDR

Guerrera Morena, o Guerrera con Coraza. Valquiria que desobedece a Odín dando la victoria a Agnnar. Odín la castiga pinchándola con la espina del sueño, y ella descansa tras un escudo y un muro de fuego, en el Monte de la Cierva. Sigurd se dirige allí, la despoja de su coraza y la despierta. Ella le cuenta su vida y le enseña la ciencia y la sabiduría. Suplantada por Gudrun en el corazón de Sigurd, se suicida cuando este es asesinado. En la Canción de los Nibelungos, Brynhildr conserva algunos rasgos que indican su origen mítico: tiene una fuerza extraordinaria, pero está vinculada a su virginidad. Es engañada dos veces por Sigfrido y desaparece del relato cuando el héroe muere.

**BURI**
Antepasado de todos los dioses. Lamiendo el hielo que cubría el mundo, la vaca Audumla le hizo aparecer. Buri era capaz de reproducirse a sí mismo y tuvo un hijo lla-

mado Burr que se casó con Bestla; esta dio a luz a Odín, Vili y Ve.

**BURR o BORR (Hijo)**
Hijo de Buri, se casa con la giganta Bestla, hija de Bölthorn, que tiene de él tres hijos, Odín, Vili y Ve.

**BYLEISTR**
uno de los dos hermanos del dios Loki

## CABALLO

Desempeña un importante papel en el culto y se lo sacrificaba durante algunas ceremonias religiosas. Tácito nos dice que los germanos sacaban partido de los presagios y las advertencias que hacían los caballos. En la mitología, son siempre estos animales quienes transportan a los dioses hasta el reino de los muertos. Su papel de psicopompos se ve confirmado por el hecho de que se han encontrado caballos en las tumbas, inmolados junto a sus dueños. La presencia bajo las baldosas del umbral de las antiguas mansiones de un cráneo de caballo demuestra que se le dedicaba un culto privado y que desempeñaba un papel tutelar, lo que debe compararse con las decoraciones de las granjas de la Alemania del Norte, donde su cabeza era esculpida en los aguilones. En las creencias populares, el caballo es la forma más habitual de los genios de las aguas. Véase Nykur.

## CABALLOS MÍTICOS

Ver Falhöfnir y Sleipnir.

## CATHBAD

Principal druida del rey Colchobar del Ulster, es un vidente y sabio consejero. Representa el elevado prestigio y poder que la clase sacerdotal tenía en la sociedad celta. Solo él tiene autoridad para hablar ante el rey. Es el profesor de los hijos de los guerreros del Ulster. Está especializado en la profecía y puede predecir cuáles serán los mejores días para que cada uno de sus alumnos tome las armas. Su más ilustre alumno es

Hrimthurs el constructor,
con el semental Svadilfari

Cû Chulain, quien se convertiría en héroe y del cual predijo que tendría una vida breve pero gloriosa.

## CHAMANISMO

El contacto entre los pueblos escandinavos y los lapones produjo como resultado que la mitología se viera marcada por rasgos típicamente chamanistas. Odín, en especial, obtuvo su conocimiento extraordinario y sus poderes mágicos tras una iniciación vinculada a ese universo mental. Sus transportes a distancia y sus metamorfosis lo convierten en un chamán. Existe también la singular concepción de un alma plural, que todavía hoy se encuentra entre los pueblos uro-altaicos y a orillas del mar Báltico. En la Edad Media, los textos en viejo sajón y en viejo inglés demuestran que la influencia del chamanismo no solo afectó a los germanos del norte.

## CINTURÓN DE FUERZA

Uno de los objetos maravillosos que posee el dios Thor. Como su nombre indica, este cinturón tiene la propiedad de aumentar la fuerza de quien se lo ciñe.

## COLGAMIENTO

Los hombres sacrificados a Odín eran colgados ritualmente, y este dios es el de los colgados. Él mismo se colgó tras haber sido herido de un lanzazo, y se balanceó nueve noches en el «árbol de los batidos por los vientos», para obtener la ciencia sagrada. Un pasaje de la Saga de Gautrekr cuenta que cuando la flota del rey Vikarr estaba inmovilizada por falta de viento, se supo por adivinización que Odín exigía el sacrificio del rey. Starkadr (cf. este nombre) propone un simulacro de sacrificio. Anuda alrededor del cuello de Vikarr unos intestinos de ternera y los ata a la rama de un árbol, mientras finge atravesar al rey con una caña. Pero los intestinos se transforman en una sólida cuerda que estrangula al rey y la caña se convierte en una jabalina mortal.

## CONJUROS DE MERSEBURG

Se denominan así dos hechizos que datan del siglo X y están inscritos en la página de cubierta de un misal de Fulda. Son importantes por los nombres que revelan y por su contenido. He aquí la traducción de uno de ellos: «Phol y Wodan fueron al bosque, el caballo de Baldr se dislocó el tobillo. Primero hechizó Sintgunt, luego Sunna, su hermana; entonces hechizó Erija y luego Volla, su hermana; entonces Wodan pronunció los hechizos que conocían bien…» Los nombres de Sintgunt, Sunna y Phol han dado lugar a una serie de conjeturas, pero el misterio que los rodea está muy lejos de haberse aclarado.

## CORTEJO SALVAJE

Se designa así a un grupo de muertos conducidos por un gigante tuerto, que recorre la tierra durante el ciclo de Doce Días (Navidad-Primero de Año). Se interpreta como una personificación de la tempestad. Pero no es este el significado original; se trata más bien de un avatar del culto a los muertos. Los Doce Días son un

«Un día las Idisi estaban sentadas aquí y allá. Unas anuda-
ban ataduras, otras paralizaban al ejército, otras deshacían
las ataduras. ¡Escapa de las ataduras! ¡Escapa del enemigo!»

HECHIZO INSCRITO EN UN MISAL DE FULDA, S. X.

período clave durante el que los fallecidos pueden regresar, durante el que el más allá está abierto.

## COSMOGONÍA

En los orígenes era el caos, Ginnungagap, un abismo sin fondo, que se extendía entre el país de los hielos, de las tinieblas y de las brumas (Niflheimr), al norte, y el país del fuego (Muspellsheimr), al sur. Algunos ríos procedentes del sur y que corrían hacia Niflheimr se cubrieron de escarcha y murieron en las inmensidades heladas; esas masas de agua helada colmaron poco a poco el abismo, y los vientos meridionales, cada vez más cálidos, comenzaron a fundir los hielos. Las gotas de agua, vivificadas por el viento, se reunieron para formar el cuerpo del gigante Ymir que pronto tuvo para alimentarle la vaca Audumla, nacida del mismo modo. Ymir comenzó a transpirar y entonces crecieron, bajo su brazo izquierdo, un hombre y una mujer, y uno de sus pies engendró un hijo del otro pie. Lamiendo el hielo, Audumla hizo brotar un hombre que se denominó Buri y era capaz de reproducirse, como Ymir. Tuvo un hijo, Borr, que se casó con Bestla, una descendiente de Ymir. De su unión nacieron los dioses Odín, Vili y Ve. Estos mataron a Ymir y crearon el mundo a partir de su cuerpo: sus huesos fueron las montañas, su cráneo el cielo y su sangre el mar. Hecho esto, los dioses colocaron un enano en cada uno de los cuatro puntos cardinales para sostener la bóveda celeste.

COSMOLOGÍA

En líneas generales, el universo se compone de Midgardr, el mundo de los hombres, Asgardr, el de los dioses, y Utgardr, el de los gigantes, los demonios y todos los seres maléficos. Bajo Midgardr se extiende el reino de los muertos, confiado a la diosa Hel; al este, Jötunheimr, está poblado por gigantes. El eje vertical de esos mundos es el árbol cósmico Yggdrasill y su coherencia horizontal está asegurada por Midgardsormr, la gran serpiente marina que rodea toda la tierra. Asgardr está en el centro de Midgardr y unido a él por un puente, Bifröst o Asbru. El mundo de los hombres está separado de Jötunheimr por unos ríos que nunca se hielan, así como por el Bosque de Hierro (Jarnvidr), donde residen unos gigantes con forma de lobos.

CREPÚSCULO DE LOS DIOSES

Designación popular y wagneriana de la batalla escatológica; se apoya en una interpretación errónea de los textos. La batalla apocalíptica se llama «Juicio» o «Destino de las Potencias». Ver Ragnarok.

CUERVO

Pájaro sagrado de Odín. Sus graznidos tenían valor de oráculo. Se sacrificaba a los cuervos cuando se quería invocar a Odín. El pájaro es utilizado como insignia guerrera y el tapíz de la reina Matilde, en Bayeux, muestra a Guillermo el Conquistador seguido por un soldado que lleva el estandarte con el cuervo. Se creía que si se desplegaba bien se obtenía la victoria, pero su abanderado estaba condenado a muerte. La popularidad del cuervo está demostrada por la antroponomástica. Una escultura galo-romana de Compiégne representa una figura masculina con dos cuervos en los hombros que le hablan al oído, algo que recuerda mucho lo que se dice de Odín: sus cuervos Hugin y Munin recorren el mundo, vuelven a posarse en sus hombros y le relatan lo que han visto y oído.

DAGDA
Dios de los Druidas y Señor de la sabiduria. Dagda que significa «buen dios», es un dios capaz y justo, anque no necesariamente bondadoso. Señor del entendimiento y la fecundidad, tambien conocido como «Padre universal». Fue el más célebre de los dioses Tuatha Dé Danann, y el proveedor de su abundancia.

DAGR (Día)
Hijo de Nott (Noche) y de Dellingr, es el día personificado. Es el ancestro fundador del linaje de los Döglinggar, al que pertenece Helgi, el Asesino del Rey Hundingr. Dagr cabalga el caballo Drasill.

DAINN
Enano que junto con Nabbi fabri-

có el jabalí Hildisvini y la montura de la diosa Freyja. Uno de los cuatro ciervos que pacen en las ramas del árbol cósmico Yggdrasill.

DANA
Madre de todos los dioses. Es también llamada Danu, Ainu o Aine. Es la predecesora de los Tuatha, considerada como la diosa madre de la que descendían todos los demás. De ella nacen los Tuatha Dé Dannan, que en conjunto son los dioses más importantes del panteón celta.

DEIRDRE
Heroína irlandesa del Ciclo del Ulster, que pasó a ser el símbolo de la Irlanda esclavizada y mártir. La hermosa joven vivía encerrada desde su nacimiento en un lugar oculto.

DESTINO

El antiguo escandinavo tiene más de quince términos para expresar el concepto de destino, lo que atestigua su importancia: destino neutro, objetivo, subjetivo, activo o pasivo, benéfico o maléfico, colectivo o individual, personificado, simbólico, etc. Es normal, pues, que su eco se encuentre en la mitología. Es el caso de las Disas y las Nornas que lo encarnan, siendo estas últimas representadas como hilanderas.

DIOSAS-MADRES

Su culto es atestiguado, sobre todo, por algunas inscripciones votivas encontradas en la parte de la Germania ocupada por los romanos, con una fuerte concentración en las provincias renanas —y por otras, descubiertas en Inglaterra junto al muro de Adriano—. Los escultores representan casi siempre tres mujeres de pie o sentadas, y una de ellas sujeta un cesto de fruta. Los nombres cambian dependiendo del lugar. Los que más a menudo se encuentran son las Aufaniae, las Suleviae, las Vacallinehae, las Austriaenae y Nehalennia. Eran, pues, protectoras de clanes, de pueblos, de lugares, como indican inscripciones del tipo: «A las Madres suevas; a mis Madres frisonas paternas», etc. Tenían una función tutelar y dispensadora de bienes, y algunas son divinidades de ríos o manantiales. Su culto parece haber sobrevivido a la Edad Media a través de las Disas.

DISAS

Divinidades femeninas que tal vez

El héroe Völundr
el Herrero, el «señor-sabio
de los elfos».

sean idénticas a las Idisi que cita el primer Conjuro de Merseburg, y cuyo nombre se encuentra en Tácito, en Idisiaviso, nombre de una llanura donde se enfrentan Germánicos y Arminios. La tradición está muy enmarañada pues las disas están próximas a las valquirias, las Nornas (Parcas germánicas), y desempeñan también el papel de genios tutelares, lo que las emparenta con los fylgjur. Se dice que acuden cuando nacen los niños, lo que las aproxima a las hadas romanas.

## DÖKKALFAR

Elfos oscuros. Seres que aparecen solo en la Edda Snorra, viven en el mundo que lleva su nombre, Svartalfheimr, y se oponen a los Elfos de luz. Son herreros que fabrican los atributos de los dioses.

## DONAR

Nombre que lleva Thor entre los germanos del sur. En viejo inglés, el nombre es Thunor. En la epigrafía. Donar suele asimilarse a Hércules, de acuerdo con la interpretación romana de los dioses autóctonos. Su nombre se encuentra en la apelación del jueves en viejo alemán y viejo inglés (Donarestâg; Thunresdaeg). En 725, san Bonifacio destruyó en Geismar (Hesse) el roble que le estaba consagrado. Una fórmula sajona de abandono del paganismo dice: «renuncio a Thunaer, a Wodan y a Saxnot, y a todos los demonios compañeros suyos.»

EARENDEL
En viejo inglés, el nombre de la estrella de la mañana.

EGGTHER
Guardián de la Espada. Gigante que guarda brujas en el Bosque de Hierro (Jarnvidr), sentado en un cerro y tocando el arpa.

EGILL
Al dirigirse a casa de Hymr, Thor se detiene en la morada de un gigante que lleva este nombre; deja allí los carneros que tiran de su carro.

EINHERJAR
Combatientes únicos. Son los guerreros de Odín, que residen en el Walhalla y pasan el día combatiendo entre sí. Aunque heridos y muertos, recuperan el pleno vigor o la vida cada noche, para banquetear alegremente con la carne del jabalí Saehrimnir y beber el hidromiel que mana de las ubres de la cabra Heidrun, servidos por las valquirias. Durante el combate escatológico, saldrán en hileras de ochocientos por cada una de las quinientas cuarenta puertas del Walhalla, simultáneamente, para enfrentarse a las fuerzas del mal (el lobo Fenrir, los gigantes del fuego, etc.). Solo los hombres caídos en combate o señalados con la marca de Odín —una herida de lanza—, forman parte de los Einherjar.

EIR (Paz, Merced)
Es una Asina que tiene la fama de ser el mejor de los médicos; sería la personificación del concepto de ayuda, de socorro y de gracia. Es también el nombre de una de las

siervas de Menglöd así como el de una valquiria.

## EISTLA
Nombre de una de las nueve madres del dios Heimdall.

## ELDHRIMNIR
Que el fuego ha cubierto de hollín. Caldero en el que se cuece el jabalí Saegrimnir, alimento de los guerreros del Walhalla. El cocinero se llama Andhrimnir.

## ELDIR
Servidor de Aegir, el dios del mar.

## ELDR
Hermano de Aegir y de Vindr, por lo tanto hijo de Fjornotr.

## ELFOS DE LUZ
Nombre que Snorri Sturluson da a los elfos para distinguirlos de los enanos. Habitan en Gimlé.

## ELFOS
Criaturas de gran antigüedad, fósiles prácticamente en la época en que son consignados por escrito los textos mitológicos. El elfo es común a todos los países germánicos. La antroponomástica nos muestra que se veneraba y temía a los elfos. En Inglaterra, treinta y cinco nombres propios lo demuestran; en Francia, la esposa de Pipino de Héristal se llamaba Albhaidis. En su origen, son seres benéficos, y alfr procede de una raíz indo-europea que significa «blanco, claro, luminoso». Muy pronto se confundieron con los enanos maléficos.

En el norte escandinavo, los elfos viven en Alfheimr, una de las moradas celestiales que pertenece al dios Freyr. Las tríadas normánicas sugieren que fueron, en un momento dado, dioses por completo, al igual que los Ases y los Vanes.

Se ignora también el vínculo que une a Thor con esos seres, pues solo se pone de relieve en algunos nombres propios como «Elfo de Thor» (Thoralfr), o de plantas: la jusbarba, es decir la Barba-de-Júpiter (barba iovis) se dice en alemán «Balai» o «Hierba de Donar».

ELIVAGAR
Mar de nieve. Nombre de los once ríos que brotan de la fuente Hvergelmir en el abismo primordial Ginnungagap. El hielo que arrastran colmó el abismo. Los arroyos procedentes de estos ríos se llaman Fresca (Svöl), Arrogante (Gunnthro), Pronta (Fjörn), Gran Profeta (Fimbulthul), Peligrosa (Slidr), Borrasca (Hrid), Loba (Ylgr), Sima (Sylgr), Ancha (Vid), Fuego del Cielo (Leiptr) y Tumultuosa (Gjöll).

ELJUDNIR
Mojado de Lluvia. Nombre del reducto de Hel, la diosa de los muertos.

EMBLA
La primera mujer.

ENANOS
Contrariamente a las ideas recibidas por medio del folclore, los enanos no son forzosamente pequeños: pueden adoptar a voluntad cualquier tamaño. «Enano» es un término genérico, como «dios» o «gigante», y designa una raza de

Enanos.

seres maléficos, por oposición a los elfos. Etimológicamente, su nombre significa «torcido», tanto de cuerpo como de espíritu.

EPONA
Diosa celta antropomórfica, protectora de los caballos.

ESSUS
Dios misterioso e inquietante. benévolo o cruel. Fue representado empuñando un hacha, bajo las ramas de un árbol, del que pendía un cuerpo humano, cabeza abajo. Su imagen aparece en el llamado «altar de París» dedicado a los «nautae», por lo que se ha sugerido su designación como protector de los navegantes. Ha sido asociado con Taranis y con Teutates formando una tríada peligrosa y ambivalente pues su significado oscilaba —como pasa con un buen número de dioses celtas— entre dioses del trueno y la guerra a «padres del pueblo».

EYRGJAFA
Una de las nueve madres del dios Heimdall. Las otras se llaman Gjalp, Greip, Eistla, Ulfrun, Angeyja, Imd, Atla y Jarnsaxa.

**FAFNIR**
Nombre del dragón muerto por Sigurdr (Sigfrido). En la Saga de los Völsungar, Fafnir es uno de los hijos de Hreidmar y hermano de Reginn, el herrero. Posee un yelmo de terror. Antes de morir, a manos de Sigurdr, predice al héroe que aquel oro será su perdición.

**FALHOFNIR**
El de las pezuñas ocultas por el pelo. Es uno de los diez caballos que montan los Ases cuando van a pronunciar su veredicto bajo el fresno Yggdrasill. Los otros son, según el Dicho de Grimnir, poema de la Edda: Brillante (Gladr), Amarillo de Oro (Gyllir), Luz (Gler), Resoplando a la carrera (Skeidbrimir), Crines de plata (Silfrintoppr), Pies ligeros (Lettfe-

ti). Se advertirá que casi todos los nombres suponen la noción de luz y de claridad.

**FASOLT**
Gigante de las leyendas de Dietrich von Bern (Teodorico el Grande). Se le cita también en un hechizo alemán del siglo XV destinado a conjurar el mal tiempo.

**FENGR**
Botín. Sobrenombre de Odín que remite a su función guerrera.

**FENJA**
Una de las gigantas que accionan el molino mítico perteneciente a Frodi, rey de Dinamarca. El tal molino, llamado Grotti, tenía la propiedad de moler lo que el molinero decía. En la Edda, un poema del siglo XIII nos lo recuerda.

Sigurdr matando
a Fafnir.

## FENRIR

Habitante de las marismas. El lobo Fenrir nació de los amores del dios Loki con la giganta Angrboda. Los Ases criaron a Fenrir, pero creció tanto que decidieron atarle. Las dos primeras ataduras se rompieron. Los enanos fabricaron la tercera, Gleipnir. Fenrir exigió que un dios pusiera la mano en sus fauces, o no dejaría que le pusieran la atadura.

## FENSALIR

Sala de las Marismas. Morada de la diosa Frigg.

## FJÖRM

Rápido. Uno de los ríos que brota de Hvergelmir. Elivagar.

## FOLKVANGR

Campo del pueblo. Morada del dios Freyr.

## FORNJOTR

Padre fundador de un linaje mítico. Sus hijos son: Hler (Mar), Logi (Fuego) y Kari (Viento). Este último es el abuelo de Snaer (Nieve). Se trata verosímilmente de una familia de gigantes de la escarcha (Hrimthursar).

## FORNOELVIR

Uno de los sobrenombres de Odín; el nombre significa «Oelvir el Viejo» u «Oelvir el Pagano».

## FORSETI

As, hijo de Baldr y de Nanna; vive en Glitnir. Ciertamente es idéntico a Foseti, dios que veneraban los frisones en una isla situada entre Frisia y Dinamarca, según atestiguan algunas vidas de santos de los siglos VI-IX.

Fenrir.

FRANANGRSFORS
Cascada de Franangr. Salto de agua donde se oculta Loki tras haberse convertido en salmón, para escapar a la cólera de los Ases que, tras la muerte de Baldr, no soportan ya su malignidad.

FRARIDR
El cabalgante. Sobrenombre de Odín, tal vez aluda a su corcel Sleipnir.

FRESNO
Este árbol desempeñó ciertamente un gran papel en la antigüedad germánica. Gozó de una considerable veneración; se le denomina «Salvador de Thor» porque, caído en el río Vimur, el dios debió su salvación a una rama de fresno. En la antropogonía, el primer hombre se llama Fresno (Askr), y el árbol cósmico, Yggdrasill, es un fresno.

FREYJA
Dama, Señora. Diosa principal de la familia de los Vanes, hija de Njördr y hermana de Freyr; estuvo casada con Odr, del que engendró un hijo, Hnoss, y una hija, Gersimi; a la muerte de su esposo, derramó lágrimas de oro. Reside en Folkvangr, una de las moradas celestiales, y su reducto se llama Sesrumnir. Comparte la mitad de los muertos con Odín. Le gusta la poesía amorosa y es célebre por su ligereza. El culto que se le rendía era erótico, lo que la aproxima a ciertas divinidades orientales, en particular Cibeles. Freyja se desplaza en un carro tirado por gatos. Su campo de acción es vasto: vida (nacimiento) y muerte, amor y

Las gigantes
Fenja y Menja.

combate, fecundidad y magia negra. Freyja enseño a los Ases los ritos mágicos que se celebraban entre los Vanes (cf. Seidr).

Es hermosa y lasciva, lo que despierta en los gigantes el deseo de casarse con ella (cf. Thrymr, Hrungrir), y los textos historiográficos nos dicen que convenía invocarla en las cosas del amor. En la poesía escáldica, se la denomina «Disa de los Vanes» (Vanadis), «Cerda» (Syr), «Dispensadora» (Gefn), «Genio del Cáñamo» (¿Hörn?) y Mardöll. Es muy célebre a causa del collar Brisingamen: para obtenerlo, se acostó con los enanos que lo habían forjado. El vigor del culto rendido a Freyja lo atestiguan los topónimos noruegos y suecos, aunque los textos permanezcan mudos a este respecto.

## FREYR

Señor. Es el dios principal de la familia de los Vanes. Es el hijo de Njördr y el hermano de Freyja. «Manda sobre la lluvia y la insolación, así como sobre la vegetación. Es bueno invocarle para las cosechas y la paz. Preside igualmente la prosperidad de la gente y de los bienes», nos dice Snorri Sturluson. El cerdo y el semental son sus animales preferidos. Habita en Alfheimr (Mundo de los elfos), posee el barco maravilloso llamado Skidbladnir y el jabalí Gullinborsti (o Slidrugtanni). Su esposa es la giganta Herdr: la obtuvo de Gymir, su padre, a cambio de su espada. El arma le hace falta en la batalla apocalíptica, y Surtr, el gigante de fuego, le mata.

FRICCO

Otro nombre de Freyr, según Adán de Bremen, que describe el templo de Uppsala donde se hallaban las estatuas de Thor, de Odín y una de Fricco representado con un gran falo, detalle que se encuentra en un amuleto de bronce y remite a la 3ª función.

FRIGG (Dama)

Diosa principal de los Ases, mujer de Odín, madre de Baldr e hija de Fjörgynn, en Asgardr reside en Fensalir y tiene como siervas a Fulla y Gna. Posee un vestido de halcón, alusión a una antigua capacidad de metamorfosis. Para proteger a Baldr de las acechanzas de este mundo, hizo jurar a las plantas, los minerales y los animales que le respetarían. Pero se olvidó de exigir el juramento a un brote de muérdago. En las tradiciones lombardas, se la llama Frea y un hechizo en viejo alto alemán escribe Frîja, Frîge en viejo inglés. Ha dado su nombre al viernes (Freitag). La toponimia de los países escandinavos (a excepción de Islandia) demuestra su culto.

FRO (Señor)

Divinidad alemana que corresponde a Freyr y es, tal vez, idéntica a Phol, cuyo nombre se cita en el segundo Conjuro de Merseburg.

FRÖ

Nombre danés de Freyr. Se ofrecían a este dios sacrificios cada año, o cada nueve años, según las fuentes, en su santuario de Uppsala.

FRODI/FROTHO

En una perspectiva euhemerista,

Frigg hilando
las nubes.

Freyr se convierte en el rey Frodi, de la familia de Skjöldungar. Como héroe de los cantos heroicos anglo-sajones, se le denomina Froda. Desciende de Skjöldr que, por su parte, tiene por antepasado a Thor en numerosas genealogías.

## FUEGO

Se tienen pocos rastros de un culto al fuego, salvo la práctica del Notfyr demostrada por un capitular carolíngeo fechado en 742, por el Índice de las Supersticiones y por una ley de Canuto el Grande. En la mitología, el fuego desempeña un papel importante en la conflagración que marca el fin del mundo: propalado por el gigante Surtr, el fuego es el único vencedor de la batalla escatológica.

## FUENTES

En todo el Occidente medieval, el culto a las fuentes estuvo muy desarrollado, tanto entre los celtas como entre los germanos. La arqueología lo demuestra, así como la literatura religiosa, que lo anatematiza y cambia por santos las divinidades de las fuentes. La mitología nos ha dado a conocer la Fuente de Urdr, la de Mimir y la que se denomina Hvergelmir, de donde brotan los ríos. Tal vez las fuentes tengan que compararse con los lodazales de sacrificio (blotelda) donde se zambullía a las personas inmoladas. Numerosos textos nos hablan del culto rendido a las fuentes y de las ofrendas que se les hacían. Estas ofrendas pretendían obtener la protección, o la neutralidad, del ser luminoso que se creía que vivía en el lugar.

FULLA (Abundancia)
Sierva y confidente de Frigg. Es una virgen con la frente ceñida por una cinta de oro. En otra tradición, es una Asina de la que lo ignoramos todo. Sin duda es idéntica a la Volla que cita el segundo Conjuro de Merseburg.

FUNCIONES (Las tres f.)
Haciendo un estudio estructural de los dioses indoeuropeos, Georges Dumézil descubrió que se distribuían entre tres funciones: 1.- soberanía, 2.- guerra, 3.- fertilidad, y que la primera era doble, incluyendo realeza y sacerdocio, es decir, religión y/o magia. En el dominio germánico, la plantilla de lectura duméziliana no funciona, pues los dioses están a caballo de varias funciones, y pueden existir varias divinidades por función. Encontramos, por ejemplo, en la primera, a Odín alternándose con Tyr; Thor pertenece a la segunda y a la tercera, etc. Todas estas dificultades de interpretación de la mitología germánica se deben a los siguientes hechos: cada función es representada por una persona o por un grupo de personajes, que colaboran o se oponen, son contemporáneos o se suceden. Una divinidad puede acumular las tres funciones en su persona —como en el mito de la realeza escita narrado por Herodoto—, simultánea o progresivamente. Las funciones pueden también ser representadas por personajes distintos pero homónimos.

FYLGJA (Seguidora)
Es el nombre de uno de los «com-

Fulla.

ponentes» de lo que los cristianos denominan «alma». Es, a la vez, un genio tutelar y el doble psíquico del hombre, que abandona el cuerpo dormido y visita en sueños tanto a los amigos como a los enemigos. La fylgja puede adoptar la forma de un animal cualquiera. Un hombre puede tener varias fylgjur, signo de su poder. El plural fylgjur acompaña la noción de destino. La fylgja parece ser una emanación del anima mundi y debe compararse al daimon griego, al genius latino y al ángel de la guarda cristiano que el normánico designa como «ángel seguidor» (fylgjuengill).

GALDR

Término genérico que significa «hechizo, canto mágico». La Saga de Erik el Rojo nos enseña que así se atraía a los espíritus. (Cf. Seidr y Vardiokur).

GANDR/GÖNDUL,

latín gandua. Es en primer lugar la varita mágica de los encantadores, luego el maleficio que una bruja envía a alguien; en ese caso, se le contempla como un pequeño ser viviente, una mosca por ejemplo. Es también el doble físico del brujo o de la bruja, que abandona el cuerpo cataléptico para ir a hacer maleficios. A ese viaje del doble de la bruja se lo denomina «cabalgada del Gandr». Puesto que el doble puede adoptar una forma animal, gandr puede designar un lobo. En los textos historiográficos en latín, gandus designa el espíritu del chamán que parte en misión hacia el más allá, para recuperar un «alma» por ejemplo. Una fórmula de maldición que data del 1325, atribuida a una tal Ragnhildr Tregagas y encontrada en Bergen, Noruega, dice lo siguiente: «yo (te) envío el espíritu de la varita mágica (göndul) al que cabalgo; que uno te muerda en la espalda, que el segundo te muerda en el pecho, que el tercero te incline al odio y la envidia.»

GAPT

Antepasado mítico de la dinastía de los Amales, reyes godos. Se cree que se trata de Odín, uno de cuyos sobrenombres es Gautr (Godo), Geat en viejo inglés.

La diosa Hel y Garmr.

## GARMR

Perro encadenado ante Gnipahellir, roca a la que está atado el lobo Fenrir. En el combate escatológico tiene como adversario al dios Tyr. Ambos se matan mutuamente.

## GENIOS DOMÉSTICOS

En la mitología y las creencias populares, se considera que cada habitación se halla bajo la protección de un genio. Este puede ser un genio del terruño, al que han sabido ganarse cuando se instalaron, o un antepasado difunto pues, antaño, los buenos difuntos eran enterrados en la casa. En las tradiciones escandinavas más recientes, se afirma que el primer habitante de la casa se transforma en genio al morir. Encontramos pues entre los germanos una concepción análoga a la de los Manes, los

Penates y los Lares romanos. Estos genios domésticos se denominan cofgodas en viejo inglés, es decir: «Dioses de la Casa». De la deformación de este término procede el alemán Kobold, literalmente «el que reina en la estancia», es decir, la habitación única de las antiguas viviendas. Las glosas del siglo X en antiguo alto alemán nos han revelado los nombres de ingoumo y ingesind como traducción del latín penates y lares; ahora bien, ingesind puede interpretarse como «Sirviente (Servant)», nombre de un trasgo francés. Poco a poco, estos genios fueron asimilados a los enanos y perdieron su carácter específico.

## GERDR

Asina, hija del gigante Gymir y de su esposa Aurboda, mujer del dios

Los gigantes
atrapan
a Freyja.

Freyr y madre de Fjölnir. Para obtener su mano Freyr tuvo que ceder su espada a Gymir.

GERI
Uno de los perros de los infiernos o, según otras tradiciones, uno de los dos lobos de Odín.

GERSIMI
Una de las hijas de Freyja; identificada con Hnoss.

GESTR (Huésped, Extranjero)
Uno de los nombres de Odín, a quien le gusta recorrer el mundo sin ser reconocido, con el manto azul de capucha ocultando sus rasgos.

GIFR
Nombre de uno de los dos perros que guardan la entrada de los infiernos que velan por las once vírgenes de Menglöd.

GIGANTES
Se dividen en tres familias o tres razas: los jötuns (ags. eotene), de los que no sabemos nada, los thursos y los trolls. Son feos, monstruosos a veces y encarnan las fuerzas naturales como revelan sus nombres que acompañan, además de las nociones de violencia y grito, las de fuego, nieve, piedra, humus y agua. Son depredadores que intentan apoderarse de la diosa Sol (el sol), de Idunn y de Freyja. Son destructores: el fin del mundo está orquestado por los gigantes Hymr, Surtr y Loki. Son fundadores: el mundo se crea a partir del cuerpo de Ymir, el gigante primordial, y los dioses se casan con sus hijas; de esas uniones

Odín con los lobos Geri
y Freki y los cuervos
Hugin y Munin.

nacen prestigiosos linajes. La frontera entre los dioses y los gigantes, debido a estas bodas múltiples, es ambigua. Los gigantes poseen las ciencias mágicas, viven en Utgardr o Jötunheimr. El dios Thor está atacándoles sin cesar con su martillo Mjöllnir. En las tradiciones germanas de la Edad Media, son unos brutos poco inteligentes, próximos a los animales, vestidos con pieles y armados con troncos de árbol. Desempeñan papeles de guardián, perceptor de tributos o de tasas, raptores o pretendientes indeseables. Son casi siempre paganos, a veces antropófagos. A menudo se confunden con los hombres-salvajes y ya no poseen carácter mitológico.

Según un texto alemán del siglo XV, Dios creó a los gigantes después de los enanos para que protegieran a estos últimos de los monstruosos reptiles que les impedían hacer producir la tierra. Pero los gigantes se hicieron pronto felones, oprimieron a los enanos y Dios creó a los héroes para hacer respetar al orden que Él había instituido.

GIMLE (Albergue de Fuego)

Sala con el techo de oro donde vivirán los hombres después del apocalipsis. Es también el nombre de una de las moradas celestiales donde habitan los hombres de bien después de su muerte. Ocupa el tercer cielo, Vidblainn, que, y es un detalle interesante, es también la morada de los elfos de luz, ilustración de una progresiva asimilación de los difuntos buenos a los elfos.

## GINNUNGAGAP

Abismo abierto. En el amanecer del mundo, solo existía el caos, un insondable abismo lleno de hielo y escarcha al norte —es Niflheimr—, y de fuego al sur —Muspellsheimr. En Niflheimr fluye la fuente Hvergelmir, de donde nacen los ríos originales, los Elivagar. El calor de Muspell funde la escarcha; brota de ella la vida, el gigante Ymir, de quien descienden los Thursos de la Escarcha y luego la vaca Audumla.

## GISL (Rayo de Sol)

Uno de los caballos de los Ases. El Dicho de Grimnir (Edda poética) cita diez.

## GIZURR

Uno de los nombres de Odín. Puede significar: «El que adivina»,

en cuyo caso remitiría a los enigmas que, sin haberlo reconocido, le piden al rey que resuelva.

## GJALLARBRU (Puente sobre Gjöll)

Puente tendido sobre el Gjöll, río que rodea los infiernos (Hel). Está cubierto de reluciente oro y custodiado por la virgen Modgudr. El puente del más allá es un motivo que se encuentra en todos los pueblos indoeuropeos, entre los que simboliza el paso paradójico. El cristianismo lo adoptó y las visiones medievales hablan con frecuencia de él.

## GJALLARHORN

Cuerno resonante. Es el cuerno en el que sopla Heimdall para advertir a los dioses de que las fuerzas del mal se lanzan al asalto de

Heimdall tocando su
cuerno Gjallarhorn.

Asgardr, lo que forma el principio de la batalla escatológica —el Ragnarok. Según otra tradición, es un cuerno para beber en el que Mimir bebe el agua de la fuente de la sabiduría y la ciencia que brota bajo una de las raíces del fresno cósmico, Yggdrasill.

GJÖLL
Nombre de la roca a la que los Aesir atan al lobo Fenrir.

GLADR (Brillante)
Uno de los caballos que montan los Ases para dirigirse a los pies de Yggdrasill, el árbol cósmico.

GLAPSVIDR (Enloquecedor)
Uno de los nombres de Odín; tal vez remita a sus aventuras amorosas con Rindr y Gunnlöd.

GLASIR (Reluciente)
Bosquecillo de árboles cuyo follaje es de oro. Se encuentra en Asgardr, justo delante de las puertas del Walhalla.

GLAUMARR (Ruidoso)
Nombre de un gigante en una enumeración.

GLEIPNIR
Tercera cadena con la que los dioses atan al lobo Fenrir. «Fue hecha de seis partes: de los ruidos de pasos de los gatos, de barba de mujer, de raíces de montañas, de nervios de osos, de alientos de peces y escupitajos de pájaros [...]. Era lisa y suave como una cinta de seda, pero sólida y fuerte.» (Snorri).

GLER (Luz)
Uno de los caballos de los Ases.

GNIPAHELLIR (Roca abierta)
Lugar donde está encerrado el lobo Fenrir.

GOI
Una giganta de la escarcha. Su nombre designa el quinto mes del invierno, que comienza entre el 18 y el 24 de febrero.

GOINN
Una de las serpientes que se halla bajo las raíces del árbol cósmico Yggdrasill y las roe. Las demás son Moinn (Bestia de la Marisma), Grafvitnir (Lobo cavador), Grabakr (Lobo gris), Grafvölludr (El que huye de la Llanura), Svafnir (Soñoliento), que es también uno de los nombres de Odín, Iofnir (El que se acurruca). Según la Edda Snorra, estas serpientes moran en la fuente Hvergelmir.

GÖMUL
Uno de los cuarenta y un ríos que «ciñen el dominio de los dioses» y proceden de la fuente Hvergelmir.

GÖNDUL
Una valquiria. El nombre remite a gandr, el «encanto» en el sentido prístino del término. La «varita mágica», el mal de ojo que se arroja sobre alguien, y corresponde perfectamente a la función de mensajera (de la muerte) enviada por Odín.

GRANI
Nombre del caballo de Sigurd. Hijo de Sleipnir, el corcel de Odín y el propio dios se lo regaló a Sigurdr apareciéndosele como un anciano de larga barba. Se recordará que uno de los nombres de Odín es Barba gris (Harbardr).

Göndul, una de las valquirias.

## GRIDR

Giganta en cuya casa se detiene Thor al dirigirse a casa de Geirrödr para liberar a Loki. Es la madre de Vidr el Silencioso y posee unos guantes de hierro, un cinturón de fuerza y un bastón mágico. Se los presta al dios y le informa sobre las artimañas de Geirrödr.

## GRIMNIR

Enmascarado. Uno de los nombres de Odín; alude a su afición por el disimulo. Es también el nombre de un gigante en una enumeración.

## GRJOTUNAGARDR

Muro del Recinto de las Piedras. Lugar donde se desarrolla el duelo entre el dios Thor y el gigante Hrungnir. El nombre es sin duda una creación del siglo XIII.

## GROA

Es una vidente. Según las tradiciones, es la madre de Svipdagr, que la rescata del reino de los muertos por medio de la nigromancia, para conocer su porvenir y obtener consejos en la búsqueda de la prometida, que se dispone a emprender. Es también la esposa de Aurvandill, la estrella matutina. Gracias a sus hechizos, intenta desprender la piedra que se clavó en el cráneo de Thor durante su combate contra Hrungnir.

## GROTTI

Molino mítico accionado por las gigantas Fenja y Menja. Muele lo que se desea. Frodi lo posee. Una metafora de la poesía escáldica designa el oro como: «Harina de Frodi».

## GUANTES DE HIERRO

Entre los objetos maravillosos que posee Thor (el martillo Mjöllnir, el cinturón de fuerza), hay un par de guantes de hierro: «No puede prescindir de ellos cuando empuña Mjöllnir», dicen los textos. La giganta Gridr tiene también unos y se los presta a Thor cuando va a liberar a Loki, capturado por el gigante Geirrödr.

## GUDMUNDR

Gigante que reina en Glaesisvellir, reino mítico situado al noreste de Escandinavia. Según Saxo Grammaticus, es el padre de Geirrörd y alberga a Thorkillus y sus hombres cuando este llega a su casa, e intenta retenerlos excitando su lujuria. Luego les ayuda a cruzar el río que separa el aquí del más allá. Se supone que

Gudmundr fue, en un momento dado, señor del reino de los muertos.

## GUDRUN

En la gesta normánica de Sigurdr (Siegfried), corresponde a la Kriemhild de la Canción de los Nibelungos. Es hija del rey Gjuki y de su esposa Grimhildr, experta en magia. Gudrun se casa con Sigurdr, del que tiene una hija, Svanhildr, pero Brynhildr hace que asesinen a su esposa entre sus brazos. Su madre le hace beber un filtro mágico, y ella olvida a Sigurdr y se casa con Atli (Atila), que quiere apoderarse del tesoro de Sigurdr. El rey de los hunos invita a Gunnar y Högni a su corte, pero Gudrun adivina sus pérfidos designios e intenta en vano avisar a sus hermanos. Ella

Gudrun.

sobrevive a la matanza final, finge reconciliarse con Atli, hace preparar un banquete funeral, degüella a los dos hijos que ha tenido de su segundo esposo, ordena que asen sus corazones y los sirve como manjar al padre. Hace con sus cráneos unas copas en las que Atli bebe su sangre mezclada con vino. Gudrun revela entonces a su marido lo que ha hecho y, a la noche siguiente, mata a Atli y prende fuego al castillo. Ella intenta suicidarse, pero las olas la arrastran hasta el país del rey Jonakr, que se casa con ella. Tiene de él tres hijos: Hamdir, Sörli y Erpr.

GULLINKAMBI (Cresta de oro)
Gallo cuyo canto anuncia la batalla escatológica. Vive junto a los Ases y tiene como compañero otro gallo anónimo, de color rojo, que vive en las estancias de Hel, diosa de los infiernos.

GULLTOPPR (Crines de oro)
Caballo del dios Heimdall.

GULLVEIG (Embriaguez del oro)
Hechicera que personifica la rapacidad. Se la llama también Heidr (Bruja). Los Ases la matan tres veces y la queman tres veces, en vano.

HADDINGJAR/HADDINGI

Nombre de dos hermanos insepa-
rables de la familia de Ottar el
Simple. Tienen diez hermanos
mayores y están tan cerca el uno del
otro que entre ambos solo tienen la
fuerza de un hombre. G. Dumézil
propone ver en ellos la versión
heroica y épica de los gemelos míticos, los Alci que menciona Tácito.

HARDVEURR (Fuerte Protector)
Un sobrenombre de Thor.

HATI (Hai)
Lobo mítico, hijo de Hrodvtnir.
Intenta apoderarse de la luna y
acaba devorándola. Su compañero es Sköll, que por su parte, persigue al sol.

HEIDRUN
Cabra encaramada en el tejado del

Walhalla y que se alimenta de las
hojas de Laeradr. De sus ubres
fluye el hidromiel que las valquirias sirven a los guerreros llamados Einherjar.

HEIMDALL
Enigmático dios de la familia de
los Ases, de la que es guardián. Es
el padre de todos los hombres.
Reside en el Monte del Cielo
(Himinbjörg), en un extremo del
cielo, y vela por el puente que conduce a Asgardr (Bifröst, el arco
iris). Ve de muy lejos, oye crecer
la hierba en los prados y la lana en
los lomos de los corderos, pues su
oído se oculta bajo las raíces de
Yggdrasill, el árbol cósmico. No
necesita más sueño que un pájaro. Apodado el Ase blanco, es el
hijo de nueve hermanas. Se cree
que su sobrenombre Hallinskidi

le vincula al carnero, lo que correspondería a los machos cabríos de Thor, a los cuervos de Odín y al jabalí de Freyr. Vinculado al simbolismo del árbol del mundo (Yggdrasill). Precursor del orden cósmico y parece emerger de las aguas del caos como hijo de nueve madres.

HEITI

Una forma de sinónimo utilizado en la poesía escáldica.

HEL (Disimuladora)

Es a la vez el nombre de la diosa de los infiernos y el del reino de los muertos. Hel es hija de Loki y de la giganta Angrboda. Hermana por lo tanto del lobo Fenrir y la serpiente de Midgardr. Es medio blanca y medio azul, vive en el Mundo de las Tinieblas (Niflheimr). Su estancia se denomina Eljudnir (¿Húmedo?). Su plato, Ungr (Hambre); su cuchillo, Sulltr; su criado, Ganglati (El Lento); su sirvienta, Ganglö (La Lenta); el umbral de su morada se llama Fallanda Forard (Trampa para Alimañas); su lecho, Kör (Enfermedad); y las cortinas de este, Blickjanda böl (Desgracia pálida). Todos los hombres muertos en la cama o de enfermedad le pertenecen. El reino de los muertos tiene distintos nombres: Llanuras oscuras o Campos de Tinieblas (Nidavellir), Ribera o Mundo de los Cadáveres (Nastrandir, Nasheimr). Al parecer tiene nueve moradas, de las que la más terrible es Nastrandir, al septentrión de Hel, donde son arrojados quienes transgredieron las leyes morales, especialmente los perjuros. El dragón Nidhöggr roe sus cadáveres. En las sagas y la historiografía encontramos una concepción distinta del otro mundo: los difuntos siguen viviendo en su túmulo, donde se reúnen con sus antepasados en las montañas huecas.

HELBLINDI (Ciego de Hel)
Uno de los dos hermanos de Loki.

HELGRINDR (Cercado de Hel)
Muro que rodea el reino de los muertos. Se le llama también Reja de los Cadáveres y Reja de los Occisos (Nagrindr, Valgrindr).

HELVEGR (Ruta de Hel)
Camino que conduce al reino de los muertos. Encontramos este nombre en distintos países germánicos, donde se refiere al camino por el que debe llevarse al difunto al cementerio. En Bretaña existe la Ruta de los Cuerpos, la Ruta de las Almas finadas, pero en antiguo céltico, anawnn (Anaon) es también el nombre del otro mundo.

HIMINHRJODR
Toro que pertenece al gigante Hymir. El dios Thor le arranca la cabeza y, tras haberla colocado en su anzuelo, la utiliza como cebo para pescar la serpiente de Midgardr. Una losa funeraria de Gosforth (Inglaterra), fechada en el siglo X, representa la cabeza de toro, claramente reconocible a un extremo del sedal de Thor.

HLIN (Protectora)
Diosa a la que Frigg, esposa de Odín, encarga la protección de los seres humanos. Sin duda es una simple hipóstasis de Frigg.

La diosa Hel.

HLODYN

Madre del dios Thor. Ahora bien, a este se le llama regularmente hijo de Jörd (la tierra); se deduce de ello que Hlodyn sería idéntica a esta última.

HLORIDI (¿el ruidoso Jinete?)

El sobrenombre más frecuente de Thor.

HÖDR (Guerrero)

Uno de los hijos de Odín. Es ciego y mata involuntariamente a su hermano Baldr lanzándole un brote de muérdago. Vali le mata por eso. Tras el apocalipsis, Hödr y Baldr regresan al mundo renovado.

HÖRN

Uno de los nombres de Freyja. Lo encontramos en la toponimia sueca, donde existe un Härnevi, «santuario de Hörn».

HRID (Borrasca)

Uno de los ríos míticos que nacen de la fuente Hvergelmir.

HUGINN (Pensamiento)

Uno de los dos cuervos de Odín.

HVERGELMIR

Caldero ruidoso. Fuente que, en el Mundo Tenebroso (Niflheimr), da nacimiento a los ríos colectivamente denominados Elivagar.

IDAVÖLLR (Llanura brillante)
Lugar que pertenece a los Ases y se extiende cerca de Asgardr. Allí se encontrarán los dioses después del apocalipsis. Aquí se descubre una leyenda atestada por la literatura medieval alemana: todo el saber de los hombres fue grabado en tablillas, o en pilares, que el diluvio no pudo destruir.

IDISI
Seres sobrenaturales que encarnan el destino y son citados en el primer Conjuro de Merseburg. Se les ha comparado a las valquirias que saben, también, paralizar un ejército.

IDUN (Juventud)
Pequeña diosa considerada esposa de Bragi, el dios de la poesía. Posee las manzanas que comen los dioses envejecidos para recuperar su juventud. Es raptada por el gigante Thjazi, a causa de los manejos de Loki, a quien los Ases obligan a devolverla.

IMDR (Andrajosa)
Una de las nueve madres del dios Heimdallr.

IVALDI
Padre de los enanos que construyen el barco maravilloso Skidbladnir, atribuido a Freyr y, a veces, a Odín, fabrican la cabellera de oro de Sif y Gungnir y el venablo de Odín.

JOL
Fiesta del solsticio de invierno; hoy nombre de la Navidad en los países escandinavos. Se ofrecían sacrificios para obtener de los dioses y de los muertos un año fecundo y

paz. A esta fiesta están asociados Odín, Freyr, puesto que el animal que solía sacrificarse en esta ocasión era un verraco, y los elfos. En efecto, otro nombre de Jol es «Sacrificio a los Elfos» (Alfablot).

JÖRD (Tierra)

Aesir llamada a veces «giganta». Es la esposa, o la amante, de Odín y la madre de Thor. Parece ser la hija de Nott (Noche) y de Anarr, su segundo esposo. La noche precede al día y todo procede de ella. Los germanos contaban el tiempo en noches y no en días. El culto a la Tierra-Madre estuvo muy extendido y esta aparece tanto bajo los rasgos de Nerthus como bajo los de Jörd, Hlodyn y Fjörgyn.

JÖRMUNGANDR

Otro nombre de la serpiente de Midgardr. Puede también traducirse por «Poderoso Sortilegio» (gandr:«varita mágica»).

JÖTUNN

Gigantes primitivos constitutivos del mundo físico. Nada sabemos de ellos, salvo que su nombre remite al verbo «comer» (eta). Jötunn se ha convertido, en la época de nuestros testimonios, en un simple «gigante».

KARA

Reencarnación de la valquiria Sigrund y protectora de Helgi Haddingjaskadi, a su vez reencarnación de Helgi, el asesino del rey Hundingar.

KARI (Borrasca)

Un gigante, hijo de Fornjotr.

Thor e Hymir luchando
contra la gran serpiente
Jörmungandr.

KENNINGAR

Metáforas encadenadas, muy apreciadas por los escaldos (poetas) y a las que debemos numerosas informaciones sobre la mitología. Por ejemplo: el oro es denominado «harina de Frodi», lo que remite al molino mítico accionado por las gigantas Fenja y Menja y propiedad de Frodi. El mar es llamado «sangre de Ymir», alusión al papel de este gigante en la creación del mundo. El Arte poética de Snorri Sturluson es una compilación de kenningar explicadas y de heiti.

KÖR (Enfermedad)

Nombre del lecho de Hel, la diosa de los infiernos.

KÖRMT

Uno de los ríos que debe cruzar Thor cuando se dirige al consejo de los Ases, que se celebra bajo el árbol cósmico. Los demás son Ermt y los dos Kerlaugar. Forman la frontera entre nuestro mundo y el de los gigantes.

KUDRUN

Título de un largo poema escrito hacia 1240 en medio alto alemán. Encontramos en él el eco del mito de la Batalla eterna. La petición de la mano de Hilde por el rey Hethel de Hegelingen forma su núcleo.

KVASIR

Personaje principal del mito del origen de la poesía. Cuando los Ases y los Vanes firmaron la paz, escupieron todos en un caldero y así nació Kvasir, el más sabio de los hombres.

LAERADR

Árbol que crece en el tejado del Walhalla; la cabra Heidrun y el ciervo Eikthyrnir se alimentan de sus hojas. Una miniatura de un manuscrito de la Edda, debida a Olaf Brunfjunsson (siglo XVIII), representa la escena. Este árbol debía de ser idéntico a Yggdrasill.

LAURIN

Rey de los enanos. Vive en las montañas del Tirol, donde tiene una maravillosa rosaleda que saquean Dietrich von Bern (transposición épica y legendaria de Teodorico el Grande) y sus compañeros, Dietleid y Witege. Laurin mide tres cuartas (69 cm.), su caballo tiene el tamaño de un corzo. El enano tiene un anillo y un cinturón mágicos, cada uno de ellos le procura la fuerza de doce hombres; posee también la capa mágica (Tarnkappe) que le vuelve invisible. Es el sobrino de Walberan, que reina sobre los enanos que habitan entre Judea y el Cáucaso.

LIF (Vida)

Uno de los dos supervivientes del apocalipsis. El otro es Lifthrarsir. Ambos son padres de la nueva generación de hombres.

LIFTHRASIR (Vivaz)

Lif y él sobreviven a la destrucción de la tierra durante el Ragnarök, pues se han refugiado en el bosque Mimir del Tesoro, es decir, de hecho, Yggdrasill, a cuyo pie se halla la fuente de la ciencia, el «tesoro de Mimir». Se alimentan del rocío matinal. De ellos nacerán los hombres.

LOEDING

La primera de las tres ataduras con las que los dioses sujetan al lobo Fenrir. Se rompe, al igual que Dromi, la segunda; solo Gleipnir, la última, resiste.

LOGI (Fuego)

Nombre de un gigante que es uno de los tres hijos de Fornjotr y, tal vez, la personificación del fuego que lo devora todo. Es el adversario de Loki en el siguiente relato. Thor se dirige a casa del gigante Utgardaloki, en Jötunheimr, acompañado por Loki, Thjalfi y Röksva. Utgardaloki les pregunta en qué prueba quieren tomar parte, y Loki alardea de comer más deprisa que nadie. El gigante llama a Logi, que devora la carne servida y los huesos, y la escudilla, cuando Loki solo se ha comido la carne alrededor de los huesos. Loki es pues derrotado, pero el narrador precisa que lo ha sido por la magia de Utgardaloki, pues Logi no era otro que el fuego.

LOKI

El dios más complejo del panteón germánico. Es el padre de todos los enemigos de los dioses, provoca la muerte de Baldr e impide su regreso entre los Ases, da nefastos consejos, pero también ayuda a los dioses a salir de situaciones difíciles que él mismo ha provocado. Es hijo de Laufey, o de Nal y del gigante Farbauti; sus hermanos son Byleistr y Helblindi. Su esposa se llama Sigyn; tiene de ella un hijo, Nari o Narfi. Con Angrboda, tiene tres hijos: el lobo Fenrir, la serpiente de Midgardr y Hel, la diosa de los infiernos. Tiene el don de con-

Loki engaña a
Hödr para que dé
muerte a Baldr.

vertirse en animal y en anciana. Es, sucesivamente, yegua, halcón, mosca y foca. Tiene mal carácter, es muy voluble en su conducta y las metáforas escáldicas (kenningar) le denominan «difamador de los dioses, instigador del asesinato de Baldr». Loki es de pequeño tamaño. Ladrón empedernido, hurta las manzanas de la juventud de Idun, los cabellos de Sif, el collar de Freyja, los guantes de hierro de Thor y el anillo de Andvari. Es también un artesano y fabrica Rama perjudicial (Laevateinn) con la que puede matar al pájaro Vidofnir; es el inventor de la red de pesca. Los antiguos mitógrafos lo han convertido en hermano jurado de Odín. Durante la batalla escatológica, Loki es el enemigo de los dioses.

LOPTR

Uno de los nombres de Loki/Lopt, que significa «aire». Puede verse en ese nombre la transcripción del carácter inconstante e inaprensible del personaje.

LUG

Tambien se le conoce como Lug, Lug, Brazo Largo. Tenía muchas habilidades (carpintero, guerrero, hechicero, poeta...), por eso fue aceptado entre los Tuatha. Mató a su abuelo sacándole su ojo maligno por la nuca. Luhg tiene un lugar privilegiado en el panteón celta. Identificado con Apolo, tanto por su belleza como por el resplandor de su rostro, una caracteristica que hacia que nadie pudiera mirarlo directamente.

MAGNI (El Fuerte)
Hijo de Thor y de la giganta
Jarnsaxa. Cuando Thor ha matado al gigante Hrungnir, uno de sus
pies queda sobre el dios, que no
puede liberarse. Magni —de tres
años— es el único capaz de liberar a su padre. En recompensa le
ofrece el corcel Gullfaxi.

MANI (Luna)
Dios que rige la luna. Hijo de
Mundilfari y su hermana es Sol (el
sol). En el cielo, es perseguido por
el lobo Hati, apodado «Engullidor
de Mani». Según una tradición, los
Ases colocaron a Mani en el cielo
para poder contar los años

MARDÖLL
Uno de los nombres de la diosa
Freyja. Implica la existencia de una
relación entre la diosa y el mar

(mar), y significa tal vez: «la que
ilumina el Mar.»

MIDGARDR
Recinto del medio. El término
designa el recinto donde viven los
hombres. La representación más
o menos concéntrica de los distintos mundos —los de los dioses, de
los gigantes y de los hombres—
convierte a Midgardr en el centro
de todos ellos. Midgardr está separado de las tierras de los gigantes
por ríos y bosques. Construido con
las cejas de Ymir, el gigante primordial, lo que solo puede apli-
carse a su delimitación, su frontera, el bosque sin duda, imagen que
corresponde bastante bien a la de
unas cejas.

MJÖLLNIR (Triturador)
Martillo del dios Thor. Fue forja-

Morgana.

do por los enanos Sindri y Brokkr, pero Loki, metamorfoseado en mosca, molestó a Sindri mientras trabajaba y el mango del martillo quedó demasiado corto. Mjöllnir es el arma del dios: cuando la lanza provoca rayos y truenos; regresa por sí misma a las manos de Thor. Para manejar el martillo, Thor debe ponerse unos guantes de hierro. La lista de los gigantes muertos por Mjöllnir es larga. El martillo es también un instrumento religioso que sirve para bendecir o consagrar, y se le encuentra representado en los petroglifos de la edad de bronce. Mjöllnir recuerda mucho el Vajra (rayo) de Indra y el Vazda del Mitra iraní. El gigante Thrymr robó un día a Mjöllnir y exigió a Freyja por esposa, de lo contrario se quedaría con el martillo. Thor se disfra-

zó de Freyja, mató a Thrymr y recuperó su arma favorita. En otro mito, Thor resucita a sus carneros bendiciendo sus huesos, ordenadamente dispuestos sobre la piel. Cuando Thor muere, sus hijos Modi y Magni heredan a Mjöllnir.

MORGANA
Diosa Celta de la guerra que intervenía mágicamente en los combates. Figura en el ciclo de leyendas del rey Arturo como una de las nueve vírgenes que custodiaban el oráculo. Tenía el don de la profecía, curaba todas las enfermedades y podía adoptar forma de animales.

MORRIGAN
Diosa de la Muerte y la Destrucción. Diosa celta de la muerte en el campo de batalla.

Muninn y Huginn
junto a Odón.

Su papel en la guerra es infundir en los soldados la fuerza (y la ira) para combatir. Se le asocia con las otras deidades guerreras Macha, Badb y Nemain.

## MUÉRDAGO

Con un ramo de muérdago, Hödr, mal aconsejado por Loki, mata a Baldr, su hermano.

## MUNINN

Uno de los dos cuervos de Odín. Con Huginn, recorre el mundo y cuenta al dios lo que ha visto y oído. Conociendo los aspectos chamánicos de Odín, podemos ver en Muninn uno de sus dobles. Snorri Sturluson nos dice en efecto: «Odín cambió de envoltura (carnal). Su cuerpo permanecía entonces tendido como si durmiera o estuviese muerto, mientras él era pájaro [...] y se transportaba en un instante a lejanas regiones.»

## NANNA

Esposa de Baldr, hija de Nepr, siendo a veces considerado este último hijo de Odín. Es la madre de Forseti. Cuando Baldr muere, la pena la mata y es incinerada con su marido. Según Snorri Sturluson, es una Asina.

Saxo Grammaticus convierte a Nanna en hija de Gevarius, el rey de Noruega. Se casa con Hoterus (=Hödr), pero es amada por Baldr, que mata a su marido.

## NERTHUS

Esta diosa-madre es el exacto correspondiente lingüístico del dios Njördr, protogermánico Nerthuz. Su hijo es Tuisto, cuyo nombre significa «doble», es decir, hermafrodita, como el gigante Ymir. Debe recordarse que las antiguas divinidades germánicas son a menudo andróginas.

## NIFLHEIMR

Mundo tenebroso lugar septentrional que fue creado mucho antes que la tierra. Allí se halla la fuente Hvergelmir, de donde surgen diez ríos. Es posible que Niflheimr sea idéntico a Niflhel y se trate, por lo tanto, de uno de los nombres de los infiernos.

NIFLHEL (Hel la Obscura): es una parte de los infiernos, la novena morada, la más profunda. Esta concepción está, sin duda, en relación con las representaciones chamánicas del más allá y puede haber sido influida, también, por la literatura de las visiones: en las descripciones cristianas del infierno, hay siempre un abismo, como en la Visión de Tomdalle.

## NJÖRDR

Dios Vanir, padre de Freyr y de Freyja, avatar medieval de la diosa Nerthus. Se casó con la giganta Skadi, diosa epónima de las tierras escandinavas. «Njördr vive en Noatum (Cercado de las Naves). Tiene poder sobre la marcha del viento y calma la mar y el fuego. Debe invocársele para la navegación y la pesca. Es tan rico y posee tantas cosas que puede proporcionar tierras y bienes muebles a quienes le invoquen para ello», dice Snorri Sturluson. Fue educado entre los Vanes, que le entregaron a los Aesir como rehén a cambio de Hoenir.

Representación romántica
de las Nornas.

## NORDRI

Uno de los cuatro enanos que
aguantan en los cuatro puntos cardinales la bóveda celeste hecha con
el cráneo de Ymir.

## NORNAS

Fatídicas diosas que van casi siempre de tres en tres. Snorri
Sturluson escribe de ellas lo
siguiente: «Bajo el fresno
Yggdrasill, junto a la fuente, se
levanta una hermosa morada de
la que salen tres vírgenes: Urdr
(Pasado), Verdandi (Presente) y
Skuld (Futuro). Modelan el destino de los hombres; nosotros las
denominamos «Nornas». Estas
vírgenes son gigantas que rocían
cada mañana el árbol con agua
clara y arcilla blanca. Se las presenta como crueles, feas y malva-
das; su veredicto es irrevocable. Se

afirma que proceden del mar».
«Hay todavía más nornas», añade
Snorri. Visitan a los recién nacidos para decidir su vida.
Descienden de los Ases. Otras son
de la raza de los elfos, otras de la
de los enanos.

Las nornas corresponden a las
Moiras griegas, a las Fatae y a las
Parcas romanas, así como a las
hadas de las leyendas célticas y
romanas. Varios textos en antiguo
francés presentan, en efecto, tres
hadas alrededor de una cuna,
dotando a un niño con un sino
bueno o malo, tema que encontramos también en el cuento de la
Bella Durmiente del Bosque.
Solo Urdr parece antigua y auténtica (Wurt en antiguo alto alemán;
Wurd en viejo sajón); Skuld y
Verdandi parecen haber sido aña-
didas para formar una tríada

según el modelo de las Parcas. Por lo demás, la fuente al pie de Yggdrasill se llama «Fuente de Urdr» (Urdarbrunnr).

### NÖRR

Nombre del padre de Nott (Noche).

### NOTT

Personificación de la noche. Los textos afirman lo siguiente: «Había un gigante que se llamaba Nörfi o Narfi; vivía en Jötunheimr. Tuvo una hija que se llamó Nott; era negra y obscura, de acuerdo con su ascendencia. Se casó con un hombre llamado Naglfari y su hijo se llamó Audr. Luego, se casó con alguien llamado Onar y su hija se llamó Jörd (Tierra). Finalmente, Delling se unió a ella. Era de la raza de los Ases. Su hijo fue Dagr (día). Era claro y apuesto, de acuerdo con su ascendiente paterno. Más tarde, Alfödr (Odín) tomó a Nott y a su hijo Dagr y les dio dos caballos y dos carros, luego los envió al cielo para que le dieran la vuelta cada día. Nott va en cabeza, con un caballo que se llama Hrimfaxi. Cada mañana, su baba cae al suelo: es el rocío. El caballo de Dagr se llama Skinfaxi; sus crines iluminan el aire y la tierra» (Snorri Sturluson).

### NYBLING

En un poema del siglo XV, titulado Sigfrido con la Piel de Cuerno, Nybling es un enano al que se considera poseedor del tesoro del que Sigfrido se apodera. Corresponde, pues, al Nibelungo de la Canción de los Nibelungos.

El sacrificio de Odín.

NYKUR

Animal fabuloso y genio de las aguas, etimológicamente vinculado al alemán Nix(e). Originalmente, puede adoptar mil formas distintas y, en antiguo alto alemán, nicchus significa incluso «cocodrilo». En Escandinavia el Nykur adopta con frecuencia la forma de un caballo gris tordo, color que indica su origen sobrenatural. El folclore islandés lo llama también «caballo del lago» (vatnahestur).

ODÍN

Principal divinidad del panteón germánico, dios cruel, malvado, cínico y misógino, al que los romanos y los observadores de cultura latina asimilaron a Mercurio. Es tuerto, pues ha dejado uno de sus ojos como prenda al gigante Mimir para tener acceso al conocimiento. Odín es hijo del gigante Burr, hijo de Buri y de Bestla, hija de Wolthorn, y tiene dos hermanos, Vili y Ve, en cuya compañía mata a Ymir, el gigante primordial, las partes de cuyo cuerpo se convierten en el mundo. Su esposa es Frigg y le da como hijo a Baldr. De los amores de Odín y la giganta Jörd nace Thor y de sus relaciones con la giganta Grindr, Vari. En Asgardr, Odín mora en la Valhöll (Walhalla), instalado en Hlidskjalf, de donde puede ver el mundo entero. Sus atributos son el venablo Gungnir, que arroja por encima de los combatientes antes de que se inicien las hostilidades para decidir la victoria, su anillo Draupnir, de donde gotean cada nueve noches otros anillos parecidos, y su caballo Sleipnir, que tiene ocho patas. Según Snorri Sturluson, posee también el barco maravilloso Skidbladnir, que suele atribuirse a Freyr. Tiene dos cuervos, Huginn y Muninn (Pensamiento y Recuerdo), que le cuentan las noticias del mundo, pues les ha concedido la palabra. Odín es omnisciente, conoce las runas, la magia y la poesía. Le gusta medir su saber con el de los gigantes, tiene el poder de hacer que sus enemigos queden ciegos, sordos, y de paralizarles, de detener los disparos en pleno vuelo y hacer invulnerables a sus partidarios. Resucita a los ahorcados y a otros muertos y es el conductor del Cortejo Salvaje (Wodans Jagd, Wotes her) en todos los países germánicos. Odín ha dado su nombre al miércoles: ingl. Wednesday (antaño Wodnesdaeg). En el plano funcional, Odín corresponde a la pareja Mitra-Varuna de los arios y al Júpiter romano.

OGMÉ

Dios de la elocuencia. Ogmé era el dios de la elocuencia, que conducía a la gente al campo de batalla y los enardecía. Hermano de Dagda y dios patrono de los druidas. Lleva el cuerpo cubierto con una piel de león. En su mano derecha lleva una maza y el la izquierda un un arco, carcaj y flechas en la espalda. De su lengua perforada pendian un montón de cade-nas. Creador de la escritura ógmica, formada por caracteres sagrados y usados por los druidas. Los «ogams» eran trazos que se inscribían en los bordes de ciertos monumentos o en instrumentos rituales.

ÖLNIR

Nombre de un enano considerado hijo de Odín.

ÖLVALDI

Señor de la Cerveza. Gigante, padre de Thjazi, Idi y Gang. Cuando distribuye sus bienes entre sus hijos, cada uno de ellos solo tiene derecho a llevarse un bocado de oro, por ello el oro se denomina «Bocado de Thjazi», «de Idi», o «de Gang», en la poesía escáldica.

PELLES
Nombre del Rey pescador en los relatos artúricos franceses.

PRYDERY
Hijo de Pwyll y de Rhiannon, compañero de Bran el Bendito. Arrebatado de su madre lo cría, junto a un potrillo, el rey Teyrnon.

RIVANONA
Madre de San Herbando, el ciego, patrón de los bardos.
Ronan: Un santo ermitaño que vivía en el bosque de Nevet.

SCATACH
Mujer guerrera de Escocia, que inicia Cuchulainn en el arte de la guerra y el mundo de la magia y de la sexualidad. Su nombre quiere decir, y al mismo tiempo, «la que da miedo» y «la que protege».

SENCHA MOR
Druida historiador al servicio del rey Conchobar del Ulster.

SETANTA
Nombre verdadero de Cû Chulainn y significa «el que camina».

SID
Etimológicamente significa paz. Es el dominio de los dioses, los héroes y los difuntos, el Otro Mundo Celta.

SID, LAS MUJERES DEL
Son mensajeras de los dioses. Su sexo es femenino y pueden transformarse en cisnes. La palabra Sid significa paz y se refiere al «otro mundo» en sus diversas formas — las entrañas de la tierra, fastásticos palacios de luz y cristal, hermosas islas perdidas en medio del océa-

no—, un reino de felicidad. En la tradición gaélica tienen diferentes nombres: Tir na n-Og «tierra de los jóvenes», Mag Meld «llanura del placer», Tir na m-Beo «Tierra de la vida», Tir Tairngire, «tierra de la felicidad», Mag Mor «la gran llanura», Tir Aill «el otro mundo» o Tir na m-Bân «tierra de las mujeres». Todos estos paraísos se encontraban en realidad en uno al que los bretones sitúan en la Isla de Avalon —o isla de las Manzanas— símbolo del conocimiento y la sabiduría.

SLANE
Colina de Irlanda en la que San Patricio encendió el primer fuego pascual en la isla, una noche de fiesta de Beltaine.

SLEIPNIR
Corcel de Odín.

SUALTAM
Padre putativo de Cû Chulainn.

SUIBHE
Rey legendario de Irlanda.

SUL
Diosa solar gala, honrada en Bath con fuegos perpétuos.

## TALIESIN

Poeta legendario de finales del siglo VI considerado el cantor de los acontecimientos de dos figuras consideradas históricas en su época: El rey Urien y su hijo Owain. La investigación realizada por Thomas Parry sobre sus obras confirma su autenticidad y la época de su escritura, al aparecer citados en la obra de Nennius «Historia Britonum». El libro de Taliesin, escrito en 1275, también tiene fragmentos que por su antigüedad vienen de siglos anteriores. De todos los poemas se cree que solamente 12 pertenecen a su autor . El poeta también tiene su leyenda. Tras beber por descuido las tres gotas mágicas del caldero de la inspiración y renacimiento preparado por Ceridwen, el joven se vuelve poseedor de todo el conocimiento. Perseguido por Ceridwen, al final es tragado por esta que queda embarazada y que da a luz a primeros de mayo, durante la fiesta de Beltaine. Mete al niño en un saco de piel y lo arroja al mar donde es recogido por Elphin, hijo de Gwyddno Garanhir. El niño del saco terminaría por ser Taliesin, que quiere decir el de «frente brillante», uno de los más famosos bardos.

## TARA

Lugar al norte de la actual ciudad de Dublín, donde según los primitivos manuscritos gaélicos vivía el rey supremo de Irlanda.

## TARANIS

Nombre que deriva de la raiz *taran*, «el trueno». Dios galo al que a veces se le representa vestido a la usanza romana. Según los historiadores romanos, y como en el caso de las divinidades femeninas celtas, aquí los tres quedaron en uno. Tarán, el dios del trueno, el rayo, las tormentas y las lluvias fue asimilado al júpiter romano y Teutates, el Dios de la tribu, era invocado para que se abandonase la violencia y protegiese de todo mal.

TARBHFHESS

Rito adivinatorio para el cual se sacrificaba un toro, -acto que corría a cargo de los druidas-, y la carne y el caldo (no todo, por supuesto) era consumido por un hombre que, posteriormente, y durante el sueño, veía en el mismo a quien habría de ser elegido como legítimo rey.

TEUTATÉS

Hay historiadores con lo asimilan al dios Marte o incluso a Mercurio.

Sin embargo, para liar un poco más la madeja, los estudios más recientes en mitología Teutatés se identifica con Dagda.

TIR NA MBÁN

La tierra de las mujeres, denominación irlandesa del otro mundo.

TIR NA MBEO

La tierra de los vivos, otra denominación irlandesa del mas allá.

TIR NA N´OG

La tierra de la juventud, denominación irlandesa del más allá.

TIR TAIRNGIRI

La tierra de promisión, el mismo caso que los anteriores.

TRÍSQUEL

Triple espiral que forma un signo

comparable a la esvástica. Su origen es asiático, pero los celtas lo usaron mucho, sobre todo en Irlanda, dado su forma de representar a los dioses, muchas veces en triadas, con tres nombres o tres aspectos. Es un símbolo solar que indica los tres elementos fundamentales: aire, tierra y agua, o los tres componentes del ser: cuerpo, alma y espíritu, y las tres dimensiones (alto, largo y ancho). Curiosamente esta costumbre de la triada contribuyó a que los celtas aceptasen fácilmente la Trinidad cristiana.

TRISTÁN:

Héroe de una de las leyendas celtas más conocidas. Tristán representa a la luna mientas que Iseo, su amada, es el sol. La novela, del siglo XIII, destaca que el hombre moriría si al menos no tenía relaciones íntimas con Iseo una vez al mes. En el mito original Tristán no ama a Iseo, pero se ve obligado a ello por el poder de la geis lanzada por él por Iseo, un detalle que fue sustituido, en los textos franceses, por el tema del filtro bebido por descuido. Tristán, caballero gallardo, valiente, guapo y de nobles sentimientos, también tiene sus poderes, como herir mortalmente a sus enemigos y aquel que vierte su sangre, también muere. Su trágica muerte no se debe a la herida envenenada que recibió, sino al hecho de que Iseo llega demasiado tarde, Jean Markale lo explica en su libro sobre mitología afirmando que el sol no puede devolverle tuda su luz a la luna.

TUATHA DÉ DANANN

«Pueblo del dios cuya madre se llama Dana». Tribus de la Diosa Dana que constituyen lo que se denomina los grandes dioses del panteón irlandés. Representan el principio del día, de la vida, de la luz y de la ciencia. Se les considera dioses venidos del cielo.

TYR

En la interpretación romana de las divinidades germánicas, Marte designa a Tyr, cuyo nombre encontramos en Martes (martis dies), en inglés: tuesday: «Día de Tyr». Aunque inscripciones votivas de los siglos I al V de nuestra era demostrarían que la equivalencia Marte-Tyr podría ponerse a veces en duda.

UATACH
Hija de la mujer guerrera y hechicera llamada Scatach, iniciadora de Cû chulainn.

UTHER PENDRAGON
Padre de Arturo. Uther es un epíteto de Arturo que que significaba hijo horrible. Al parecer el famoso rey, de niño y por su fealdad, fue comparado con un oso, de ahí su nombre. Y Pendragón significa «cabeza de dragón», que es halagador.

VATE
Significa «adivino». Los druidas tenían una categoría concreta de adivinos y profetas, una función que también podían desempeñar las mujeres.

VIVIANA
En las novelas sobre el rey Arturo es la muchacha que Merlín encuentra en el bosque de Brocelandia y de la que se enamora. Le enseña sus conocimientos y ella rapta al joven Lanzarote y lo cría en un lago. La dama del Lago, quien da a Arturo la espada Excalibur y quien recupera el arma tras la batalla de Camlann. En algunas versiones aparece con el nombre de Niniana, femenino del nombre de un santo evangelizador de Escocia, nombre que fue otorgado a un río del Morbihan.

VORTIGERN
Rey usurpador y traidor en la tradición galesa.

WINLOGEE
Nombre que lleva la reina Ginebra en las esculturas de la catedral de Módena, en Italia.

YGERNE
Madre del rey Arturo y de Morgana.

YVAIN
Compañero de Arturo. Héroe civilizador que combate a las tinieblas pero que no puede vivir si no es bajo la dependencia de una mujer. Su esposa Laudine, la dama de la Fuente, es una divinidad de las aguas madres, y ella demuestra su poder total sobre el héroe.

YMIR
Gigante primordial. También llamado Aurgelmir entre los gigantes, fundador de la raza de los gigantes de la escarcha e importante figura en la cosmología nórdica.

# BIBLIOGRAFÍA

- Mario Polia La voluspà. *I detti di Colei che vede. Testo norreno a fronte*. Il Cerchio, Rimini, 1983.
- Régis Boyer. *Sagas islandaises : Textes traduits, présentés et annotés par Régis Boyer*. Gallimard, Pléiade, 1987.
- Régis Boyer. *L'Edda Poétique*. Paris, Fayard, 1992.
- Snorri Sturluson. *L'Edda: traduit, introduit et annoté par François-Xavier Dillmann*. Gallimard, 1991.
- Carl G. Jung e Kàroly Kerényi, *Prolegomeni allo studio scientifico della mitologia*, Boringhieri, Torino. 1972.
- Domingo, J. *Grandes leyendas y mitos de la Antigüedad*. Ediciones Martínez Roca, Barcelona. 1969.
- Grigorieff, Vladimir. *Mitologías occidentales*. Ediciones Robinbook, Barcelona. 1998.
- Grimal, Pierre. *Mitologia*. Garzanti. 2001.
- Julien, Nadia. *Enciclopedia de los mitos*. Ediciones Robinbook, Barcelona. 1997.

## Mitología griega y romana
### Alessandra Bartolotti

El origen de los mitos debe buscarse en la necesidad que tenían nuestros antepasados de explicarse el mundo en que vivían y encontrar un sentido a los fenómenos de la naturaleza. De ahí que surjan en la cultura griega y romana una variedad de sagas mitológicas que han llegado hasta nuestros días y que nos sirven para confeccionar la historia del pasado y obtener al mismo tiempo una visión más completa de la memoria colectiva de la humanidad.

## Enciclopedia de los mitos
### Nadia Julien

La más exhaustiva selección de mitos y leyendas de las principales creencias y culturas de todo el mundo. Este libro no sólo constituye una guía de amena y apasionante lectura a través de la historia de los mitos, sino que, al mismo tiempo, ofrece una exhaustiva visión de los resortes y motivaciones que subyacen en el ser humano. Los relatos mitológicos describen modelos de conducta que no han variado con el paso del tiempo y que mantienen plenamente su vigencia.

*Encuadernación en cartoné.*

## Enciclopedia de los símbolos
### Udo Becker

Concebida como una auténtica guía histórica y cultural, esta obra explica el significado y la influencia de los símbolos fundamentales de la humanidad. De forma detallada, clara y concisa, el lector encontrará aquí las informaciones necesarias para desentrañar las claves ocultas de la imaginería humana en épocas como la Antigüedad clásica, la Edad Media, el periodo románico, el gótico, etc., en diversas culturas. A través de sus 1.800 entradas y más de 900 ilustraciones, la completa y abarcadora obra de Udo Becker le descubrirá el mundo de los símbolos de las civilizaciones más importantes.

*Encuadernación en cartoné.*